中国社会科学院
所地共建国家智库平台

2019
第一辑
总第一辑

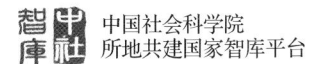

形势与政策研究

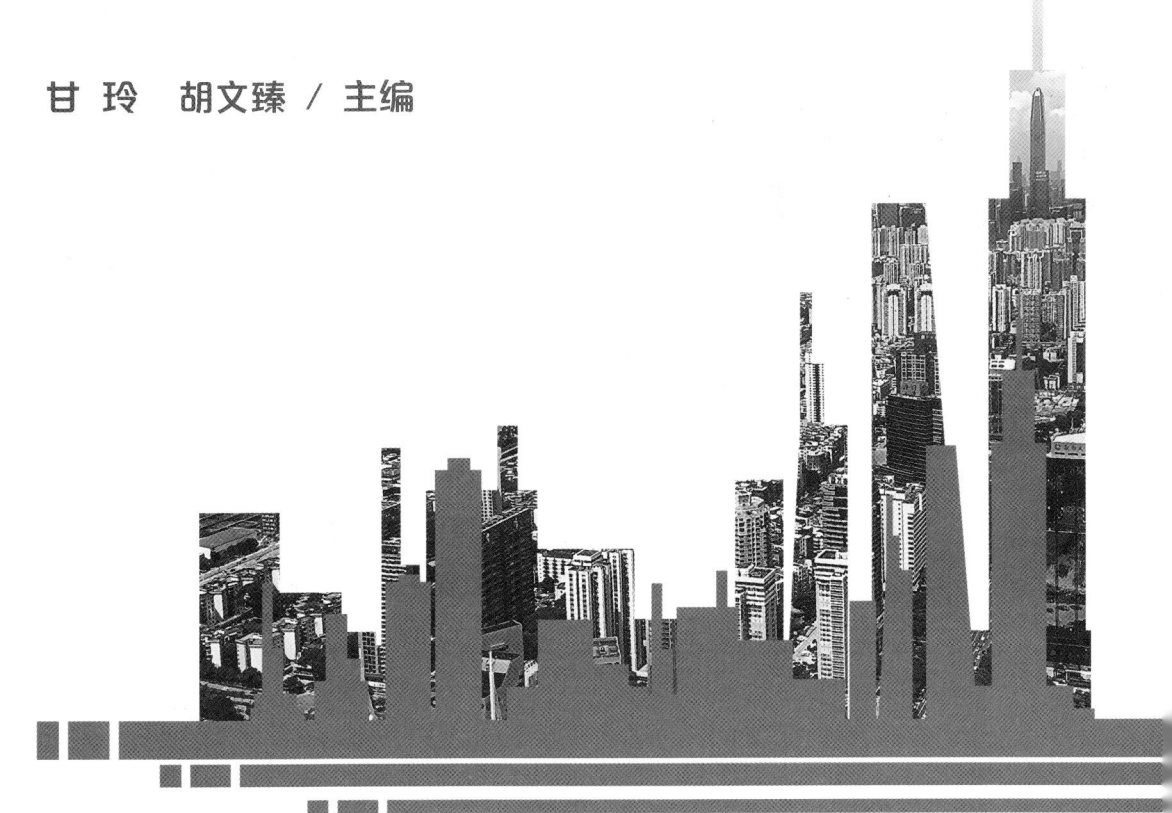

甘玲　胡文臻 / 主编

中国社会科学出版社

图书在版编目(CIP)数据

形势与政策研究. 2019年. 第一辑:总第一辑/甘玲,胡文臻主编. —北京:中国社会科学出版社,2019.12
ISBN 978-7-5203-5866-8

Ⅰ.①形… Ⅱ.①甘…②胡… Ⅲ.①时事政策教育—中国—文集 Ⅳ.①D643-53

中国版本图书馆CIP数据核字(2019)第294437号

出 版 人	赵剑英
项目统筹	王 茵
责任编辑	范晨星
责任校对	杨 林
责任印制	王 超

出 版	中国社会科学出版社
社 址	北京鼓楼西大街甲158号
邮 编	100720
网 址	http://www.csspw.cn
发 行 部	010-84083685
门 市 部	010-84029450
经 销	新华书店及其他书店

印 刷	北京明恒达印务有限公司
装 订	廊坊市广阳区广增装订厂
版 次	2019年12月第1版
印 次	2019年12月第1次印刷

开 本	710×1000 1/16
印 张	15.25
字 数	213千字
定 价	98.00元

凡购买中国社会科学出版社图书,如有质量问题请与本社营销中心联系调换
电话:010-84083683
版权所有 侵权必究

《形势与政策研究》编委会

主　编　甘　玲　胡文臻

副主编　温小勇

编辑委员会成员

王立胜（特邀）　赵剑英（特邀）　冯颜利（特邀）

王余丁（特邀）　朱立光（特邀）　薛晓萍（特邀）

甘　玲　胡文臻　李天明　温小勇

编委会主任　甘　玲　胡文臻

合作研究单位

中国社会科学院哲学研究所（特邀）

中国社会科学院社会发展研究中心

河北科技大学

河北科技大学马克思主义学院

中国社会科学出版社

编者按

2019年8月14日,中共中央办公厅、国务院办公厅印发了《关于深化新时代学校思想政治理论课改革创新的若干意见》(以下简称《思政课意见》),并发出通知,要求各地区各部门结合实际认真贯彻落实。

为深入贯彻落实《思政课意见》,应结合教学与应用实践习近平新时代中国特色社会主义思想,认真学习党的十九大精神,特别是认真学习落实习近平总书记关于教育的重要论述以及对学校思想政治理论课的讲话精神,通过教育改革来全面贯彻党的教育方针。全国各地区各部门、各级各类型学校迅速组织学习并认真贯彻落实,河北科技大学马克思主义学院《形势与政策》慕课的建设获得了实践经验,形成了典型示范。

解决好"培养什么人、怎样培养人、为谁培养人"的根本问题,必须坚持以习近平新时代中国特色社会主义思想为铸魂育人重大历史课题的理论依据。在中国社会科学院哲学研究所、中央党史文献研究院马克思主义研究部、马克思主义与现实杂志社和世界哲学杂志社协办,于2019年5月在河北科技大学召开的"新中国70周年与马克思主义哲学"学术研讨会的基础上,与会的100多家单位的学者专家认真讨论了马克思主义哲学与思想政治课的学习与应用实践问题。以此为契机,河北科技大学马克思主义学院与中国社会科学院社会发展研究中心合作开展智库研究,搭建思想政治教育精品工程平台,创办了

编者按

《形势与政策研究》辑刊，旨在通过展示思想政治理论课的理论研究与应用实践成果，探索开发"学用结合"的高质量思想政治理论精品课程。

面对世界环境的新形势、新挑战，很多哲学社会科学工作者、思想政治教育工作者认识还没有完全到位。一些媒体曝光的学校管理问题、教学问题、学生心理健康问题等，反映了有的学校对思政课重视程度不够、结合实践的内容少、案例不够鲜活、教学效果还需提升等。要提高思想政治课的竞争力与影响力，就必须选配和培训思想政治课教师，特别是培训教师的马克思主义思想政治理论水平是当务之急。

办好思想政治理论课，要按照习近平总书记提出的放入"世界百年未有之大变局、党和国家事业发展全局中"来看待与思考。顺应时代潮流，始终坚持马克思主义指导地位，认真落实习近平新时代中国特色社会主义思想，坚持社会主义办学方向，落实立德树人根本任务，坚持教育为人民服务、为中国共产党治国理政服务、为巩固和发展中国特色社会主义制度建设服务、为改革开放和社会主义现代化建设服务的根本指导思想。

本次河北科技大学与中国社会科学院社会发展研究中心在双方党委高度重视下，充分发挥合作优势，探索所地共建智库研究和思想政治教育精品工程平台；是推动思想政治课建设的基础研究工程。《形势与政策研究》始终坚持马克思主义辩证法与研究解决问题的方法，始终把研究提升思想政治理论课学习与应用实践放在第一位；始终以习近平思想政治课建设理论为总指导，坚持思想政治课理论基础研究与应用实践研究双轮共进，坚持调查研究与党的教育理论方针相结合推动平台化研究工作，坚持把习近平新时代中国特色社会主义思想进教材、进课堂、进学生头脑中、进基层实践中作为重要工程建设，把社会主义核心价值观贯穿在教育的全过程。

目　　录

生态文明建设研究

中国京津冀"形势与政策"国家智库
　　2019年度报告 …………………… 胡文臻　温小勇（3）
研究经济林的哲学思考
　　——国家培育战略性能源型资源的意义 ………… 胡文臻（21）
有机马克思主义与生态马克思主义生态思想之比较…… 崔赞梅（28）

马克思主义哲学理论研究

面向"中国问题"的21世纪马克思主义哲学创新 …… 覃志红（41）
论中国特色社会主义实践和马克思主义
　　哲学中国化 ……………………… 李永胜　李威威（51）
新时代坚持和发展中国特色社会主义的
　　哲学底蕴 ………………………… 温小勇　甘　玲（70）

思想政治教育理论与实践

新中国70年高校思想政治理论课建设与
　　发展 ……………………………… 张　梅　魏志杰（85）

目录

论在高校思政课教学中优化大学生

  道德人格 ……………………………… 张大方 刘丽波（103）

将人类命运共同体思想融入高校思想政治理论课的

  理与路 ……………………………………… 王春英（110）

思政课教育实验是探索思想政治教育规律的

  科学方法 …………………………………… 鄢显俊（124）

思想政治教育学原理体系新形态的探索与

  建构 ………………………………… 王 颖 李 晴（138）

新时代大学生形势与政策教育智慧化研究 ……… 王建洲（152）

新时代《中国近现代史纲要》课程教学改革思考 …… 葛晓萍（162）

社会主义核心价值观

当代中国价值观对外传播的文化优势 ……………… 朱晨静（173）

构境：马克思主义中国化视域中的传统文化现代化 … 朱光亚（186）

新时代焦裕禄式好干部的公仆权力动机

  激励研究 ………………………… 张会蔚 张馨月（200）

完善信念结构 永葆党员本色 ……………………… 邢顺福（212）

微文化语境下社会主义核心价值观社会功能强化的

  路径探析 …………………………………… 杨红英（222）

充分发挥红歌对大学生的育人作用 ………… 杨德霞 王晨雨（230）

生态文明建设研究

京津冀协同发展的重大战略意义

胡文臻　温小勇

京津冀城市群由京津唐工业基地的概念发展而来，包括北京市、天津市以及河北省，涉及京、津和河北省11个地级市，人口总数约为9000万人。

中共中央政治局于2015年4月30日召开会议，习近平总书记主持会议，分析研究当前经济形势和经济工作，审议通过《京津冀协同发展规划纲要》（以下简称《规划》），确定了以首都为核心的世界级城市群格局。一核：北京。双城：北京、天津。三轴：京津发展轴、京保石发展轴、京唐秦发展轴。四区：中部核心功能区、东部滨海发展区、南部功能拓展区、西北部生态涵养区。多节点：包括石家庄、保定、唐山、邯郸等区域中心城市和张家口、承德、廊坊、秦皇岛、沧州、邢台、衡水等节点城市。两翼：北京城市副中心、河北雄安新区。

京津冀协同发展，是党中央做出的一项重大战略决策。《规划》所涉及的京津冀发展，除明确区域整体定位及三省市定位以外，同时确定了京津冀近期、中期、远期的区域协作发展目标。

2019年1月16—18日，习近平总书记到京津冀实地考察，主持召开京津冀协同发展座谈会并发表重要讲话。习近平总书记强调："要从全局的高度和更长远的考虑来认识和做好京津冀协同发展工作，增强协同发展的自觉性、主动性、创造性,保持历史耐心和战略定力,稳扎稳打,勇于担当,敢于创新,善作善成,下更大气力推动京津冀协同发展取得新的更大进展。"① 习近平总书记指出:"京津冀协同发展是一个系统工程,不可能一蹴而就,要做好长期作战的思想准备。过去的 5 年,京津冀协同发展总体上处于谋思路、打基础、寻突破的阶段,当前和今后一个时期进入到滚石上山、爬坡过坎、攻坚克难的关键阶段,需要下更大气力推进工作。"②

回首 5 年之前,2014 年 2 月 26 日,习近平总书记在北京主持召开座谈会专题听取京津冀协同发展工作汇报。习近平总书记强调指出:"实现京津冀协同发展,是面向未来打造新的首都经济圈、推进区域发展体制机制创新的需要,是探索完善城市群布局和形态、为优化开发区域发展提供示范和样板的需要,是探索生态文明建设有效路径、促进人口经济资源环境相协调的需要,是实现京津冀优势互补、促进环渤海经济区发展、带动北方腹地发展的需要,是一个重大国家战略,要坚持优势互补、互利共赢、扎实推进,加快走出一条科学持续的协同发展路子来。"③ 这标志着京津冀协同发展从改革开放之初便逐步提出的概念、设想、规划正式上升为"重大国家战略"。

经过 5 年紧锣密鼓的谋划、夯基、突破,京津冀协同发展战略规划基本定型、协同发展体制机制加快构建、协同发展新格局扎实推进,为未来稳步推进、跨越向前奠定了坚实基础。京津冀协同发展国家战略是新中国 70 年的发展成果之一,是马克思主义中国化实践转化成果,更是贯彻落实习近平总书记新发展理念的生动实践成果。

---

① 《稳扎稳打勇于担当敢于创新善作善成　推动京津冀协同发展取得新的更大进展》,《人民日报》2019 年 1 月 19 日。
② 同上。
③ 《优势互补互利共赢扎实推进　努力实现京津冀一体化发展》,《人民日报》2014 年 2 月 28 日。

一 京津冀协同发展战略是新中国70年的发展成果之一

马克思主义认为:"在资本主义积累的一般规律作用下,必然造就资产阶级财富或资本的积累和无产阶级失业或贫困的积累,这一后果使资本主义基本矛盾表现为无产阶级和资产阶级之间的矛盾,决定了资本主义生产方式的产生、发展和灭亡。"① 因此,资本主义私有制是社会两极分化以及无产阶级贫困的总根源。资本主义制度不仅不能解决这些问题,反而会导致两极分化的日益深化直至阶级矛盾的爆发和资本主义制度的灭亡。中国共产党带领人民经过艰苦卓绝的斗争,在半殖民地半封建社会基础上建立起了社会主义新中国。中国共产党人自始至终将国家繁荣富强和人民富裕幸福作为根本使命和追求。在1949年3月的中国共产党七届二中全会上,毛泽东就信心满怀地指出:"我们能够去掉不良作风,保持优良作风。我们能够学会我们原来不懂的东西。我们不但善于破坏一个旧世界,我们还将善于建设一个新世界。中国人民不但可以不要向帝国主义者乞讨也能活下去,而且还将活得比帝国主义国家要好些。"② 1961年,毛泽东在同蒙哥马利的谈话中提出:"建设强大的社会主义经济,在中国,五十年不行,会要一百年,或者更多的时间。……在我国,要建设起强大的社会主义经济,我估计要花一百多年。"③ 可见,中华人民共和国成立之初,中国共产党便确立了建设的初心、发展的初心和走向强大的初心,京津冀作为京畿重地,建设和发展同样是第一位的,特别是要做好协同建设、均衡发展。

---

① 顾海良:《马克思主义经典作家关于政治经济学一般原理的基本观点研究》,人民出版社2017年版,第277页。
② 《毛泽东选集》(第4卷),人民出版社1991年版,第1439页。
③ 《毛泽东文集》(第8卷),人民出版社1999年版,第301页。

现实情况是，北京作为首都，经济发展成就和人口聚集效应始终处于领先地位。伴随着改革开放的持续推进，北京同周边地区的经济发展差距在逐步拉大。造成的结果是，环京津区域这一地理概念与经济学领域提出的"环首都贫困带"基本重合。"2005年8月17日，亚洲开发银行资助的一份调查报告首次提出'环京津贫困带'的概念：在国际大都市北京和天津周围，环绕着河北的3798个贫困村、32个贫困县，年均收入不足625元的272.6万贫困人口。如果以150公里的直线距离计算，与北京接壤的河北省张家口、承德、保定三市就有25个国家级和省级贫困县。谓之'环京津贫困带'，名副其实。"① 除了经济上贫富差距的不断拉大，在吸引力和影响力方面，不论是现有水平还是发展潜力，差距都是显而易见的。不仅如此，由于吸引力和影响力方面差距的逐渐拉大，造成了广泛存在的嫉妒和不满也会与日俱增。"赤城县一位不愿透露姓名的干部告诉记者，和毗邻县区巨大的收入差距，对当地群众心理影响很大。因为羡慕毗邻地区农民的富裕生活，一些深山区低收入群众非法种植罂粟，且屡禁不止；个别不法分子甚至跑到邻近县区偷盗、抢劫，扰乱社会秩序，一定程度上影响了首都地区的和谐和稳定。"②

京津冀地区同属京畿重地，战略地位十分重要。当前区域总人口已超过1亿人，面临着诸如生态环境问题、城镇体系失衡问题、区域和城乡发展差距不断扩大等一系列突出问题。实现京津冀协同发展，通过创新驱动推进区域发展体制机制创新，是面向未来打造新型首都经济圈、实现国家发展战略的需要。同时，对于全国范围内城市圈规划建设以及区域协同发展具有重要示范意义。

改革开放之初，伴随着一系列突出问题的显现，从京津冀三地到

---

① 刘玉海：《"环首都贫困带"再调查：北京依然孤独地繁荣着》，《21世纪经济报道》2011年12月26日。

② 同上。

京津冀协同发展的重大战略意义

国家层面都在着手研究解决思路、探索解决方案。1982年，中共北京市委、北京市人民政府制定了《北京城市建设总体规划方案》，其中首次提出了"首都圈"概念，拉开了探索京津冀区域合作的序幕。1983年7月14日，中共中央、国务院在对该方案的正式批复中指出："北京的经济发展，应当同天津、唐山两市，以及保定、廊坊、承德、张家口等地区的经济发展综合规划、紧密合作、协调进行。"① 这也是从区域的范围考虑北京的建设和发展。"从大区域（华北、京津唐等）和亚区域（北京市16800平方公里范围）谈北京的规划问题。北京市职能繁多，内容庞杂，只在建成区范围内打主意，'螺蛳壳里做道场'，总跳不出圈子，也解决不了根本问题。如果从区域来考虑，路子就宽了，也活了。当然这不仅是北京一个市的事情，需要有关区域、城市一起'综合规划，紧密合作，协调进行'。这是一个发展的必然方向。"②

1986年，在时任天津市市长李瑞环的倡议下，在天津市召开了第一次环渤海地区经济联合市长联席会议，确定建立环渤海经济区，开展多方面、多层次、多种形式的经济联合，促进经济发展和繁荣。同时，中国环渤海经济区正式成立。"这一组织最早包括天津、青岛、大连、秦皇岛、唐山等14个城市，被认为是京津冀地区最正式的区域合作机制。2年后，北京与河北环京地区的保定、廊坊、唐山、秦皇岛、张家口、承德等6地市组建环京经济协作区，建立市长、专员联席会制度。这是当年又一个带有政府色彩的区域合作组织。只不过，重视只能停留在观念，到了实际操作中，就显得阻力重重。"③

---

① 《中共中央、国务院关于〈北京城市建设总体规划方案〉的批复》，中华人民共和国住房和城乡建设部官网，http://www.mohurd.gov.cn/wjfb/200611/t20061101_155449.html。
② 吴良镛：《新的起点——在〈总体规划方案〉和〈批复〉指导下做好首都的规划设计工作》，《建筑学报》1983年第11期。
③ 李闻莺：《战略提速背后，京津冀一体化为何"纠结"30年?》，澎湃新闻网，https://www.thepaper.cn/newsDetail_forward_1261303。

◈◈ 生态文明建设研究 ◈◈

1996年3月17日,第八届全国人民代表大会第四次会议批准的《中华人民共和国国民经济和社会发展"九五"计划和2010年远景目标纲要》中提出了区域经济协调发展的方向,在已有经济布局基础上,以中心城市和交通要道为依托,逐步形成7个跨省区市的经济区域,分别为长江三角洲及沿江地区、环渤海地区、东南沿海地区、西南和华南部分省区、东北地区、中部五省地区、西北地区。针对环渤海地区,提出要"发挥交通发达、大中城市密集、科技人才集中、煤铁石油等资源丰富的优势,以支柱产业发展、能源基地和运输通道建设为动力,依托沿海大中城市,形成以辽东半岛、山东半岛、京津冀为主的环渤海综合经济圈"[①]。同年,北京市提出建立以京津为核心包括河北省7个市的"首都经济圈"。从此,京津冀区域经济合作进入了一个新的历史时期。

为加快推进京津冀区域经济发展的一体化进程,2004年2月12—13日,国家发改委地区经济司召集北京市、天津市、河北省发改委暨秦皇岛市、承德市、张家口市、保定市、廊坊市、沧州市、唐山市发改委负责同志,在河北省廊坊市召开京津冀区域经济发展战略研讨会,石家庄市、衡水市、邯郸市、邢台市发展改革部门的负责同志列席了会议。会议分析了京津冀区域发展与合作面临的形势和问题,并研究提出了相关的对策建议,经充分协商,达成了加强京津冀区域协调发展符合区域内各方利益、协调发展中的障碍必须予以突破、建立定期协商制度等10条共识。"廊坊共识"为京津冀协同发展提出了一系列具有可操作性的机制和方法,特别是提出首先选择易于突破的领域开展合作,传递出强烈的协同发展信号。此后,从2005年起,京津冀区域经济合作开始走向实质性纵深发展的阶段。天津滨海新区列入国家"十一五"规划(纲要);首钢被批准搬迁至河北省曹妃甸,曹妃甸还被列为国家首批循环经济示范试点单位,中央多位

---

① 《中华人民共和国国民经济和社会发展"九五"计划和2010年远景目标纲要》,中国人大网, http://www.npc.gov.cn/wxzl/gongbao/2001-01/02/content_ 5003506. htm。

京津冀协同发展的重大战略意义

高层领导频频到这一地区视察，三省市高层领导也频频互访，而且中国建设史上规模空前巨大的投资项目纷纷落户这一地区；天津滨海新区计划在几年内投资达 5000 亿元，曹妃甸"十一五"期间投资规模也将超过 1000 亿元。同时，北京至天津、石家庄、秦皇岛等地的铁路、高速公路建设也已拉开帷幕。

2010 年 10 月 22 日，河北省委、省政府在三河市召开加快推进环首都经济圈工作会议，圈定涿州市、涞水县等 13 个县（市）区加快建设环首都经济圈，并下放部分审批事项，营造宽松的政策环境，标志着京津冀一体化进程进一步加快。其中河北建设环首都经济圈的总体战略构想是"13 县 1 圈 4 区 6 基地"。13 县即环绕北京的涿州市、涞水县、涿鹿县、怀来县、赤城县、丰宁县、滦平县、三河市、大厂县、香河县、广阳区、安次区、固安县；1 圈即以新兴产业为主导的环首都经济圈，27000 平方公里，485 万人；4 区即在环首都经济圈建设高层次人才创业园区、科技成果孵化园区、新兴产业示范园区、现代物流园区。6 基地即在环首都经济圈内建设养老、健身、休闲度假、观光旅游、有机蔬菜、宜居生活基地。河北省将在环首都经济圈营造宽松的政策环境，在国家法律法规许可条件下，坚持非禁即入，非限即许，免除登记类、证照类等有关行政事业收费。除国家规定的必须由省级和市级审批事项及高耗能、高排放项目审批外，省市两级其他审批事项全部下放到 13 个县（市）区。

2011 年 3 月，《中华人民共和国国民经济和社会发展第十二个五年规划纲要》发布，纲要中提出推进京津冀、打造首都经济圈的规划。据此，国家发改委委托京津冀三地发改委，根据各自的区域进行调研并提出具体规划方案。"但规划范围始终难以达成一致，北京提出'1+3+6'方案，即北京加天津武清、宝坻、蓟县三县区，再加河北六个地级市，不包括石家庄、沧州、邢台、衡水、邯郸五市，河北省难以接受，后来，扩大到'1+3+9'，河北邯郸、邢台这两个地级市被排除在'圈'外。河北省提出应包括河北全域。直到 2013

年,首都经济圈的范围还没有确定下来。"①

2013年5月,习近平总书记在天津调研时提出,要谱写新时期社会主义现代化的京津"双城记";8月,习近平在北戴河主持研究河北发展问题时,又提出要推动京津冀协同发展。"'协同',成为此后京津冀区域经济发展的核心主题。'协同'一词,涵盖了有序合作、整体加强、共同获益的区域发展理念。"②此后,习近平多次就京津冀协同发展做出重要指示,强调解决好北京发展问题,必须纳入京津冀和环渤海经济区的战略空间加以考量,以打通发展的大动脉,更有力地彰显北京优势,更广泛地激活北京要素资源,同时天津、河北要实现更好发展也需要连同北京发展一起来考虑。

2014年2月26日,在调研京津冀三地后,习近平在北京主持召开座谈会,专题听取京津冀协同发展工作汇报,强调实现京津冀协同发展是一个重大国家战略。2015年4月30日,中共中央政治局召开会议,审议通过《京津冀协同发展规划纲要》。《纲要》指出,推动京津冀协同发展是一个重大国家战略,核心是有序疏解北京非首都功能,要在京津冀交通一体化、生态环境保护、产业升级转移等重点领域率先取得突破。2016年3月,《中华人民共和国国民经济和社会发展第十三个五年规划纲要》公布,京津冀协同发展被正式写入"十三五"规划纲要,强调通过有序疏解北京非首都功能、优化空间格局和功能定位、构建一体化现代交通网络、扩大环境容量和生态空间以及推动公共服务共建共享等举措推动京津冀协同发展。

新中国壮丽70年,奋进70年,同样也是京津冀三地在发展中互动、在互动中协同、在协同中发展的70年。新时代,京津冀协同发展上升为国家重大战略,京津冀三地互动、协同发展进入了奋进新征程的快车道。

---

① 张君荣:《京津冀协同发展战略形成之路》,《中国社会科学报》2016年7月15日。
② 黄玥:《十八大以来,习近平这样谋划京津冀协同发展》,新华网,http://www.xinhuanet.com/politics/2017-04/14/c_1120812515.htm。

二 京津冀协同发展战略是马克思主义中国化实践转化成果之一

马克思恩格斯认为，在封建社会的生产状态下，"交换是有限的，市场是狭小的，生产方式是稳定的，地方和外界是隔绝的，地方内部是统一的"①。因此，区域之间的发展差距相对较小，区域内的各个"节点"之间处于"和平和稳定状态"，基本不存在发展不平衡问题。而资本主义生产是有组织的社会化大生产，随着商品生产的扩展，"旧日的束缚已经松弛，旧日的壁障已经突破，生产者日益变为独立的、分散的商品生产者了。社会生产的无政府状态已经表现出来，并且越来越走向极端。但是，资本主义生产方式用来加剧社会生产中的这种无政府状态的主要工具正是无政府状态的直接对立物：每一单个生产企业中的生产作为社会化生产所具有的日益加强的组织性。资本主义生产方式利用这一杠杆结束了旧日的和平和稳定状态"②。可见，马克思主义认为，区域间经济发展不平衡的根源在于，在以生产资料私有制为基础的资本主义社会里整个社会生产的无政府状态。因此，解决区域间经济发展不平衡问题，不可能回到"旧日的和平和稳定状态"，而是要建立具有计划经济特征的社会主义公有制。原因在于，在以公有制为基础的社会主义制度下，作为一个统一体的社会有可能在空间上合理布局社会生产力。在社会主义制度下，社会生产内部的无政府状态将被有计划的自觉的组织所代替，进而实现生产力在空间上的合理配置，消除区域间的发展不平衡，消除城乡之间的经济发展差距。

在马克思主义中国化的实践进程中，中国共产党人始终关注生产力在空间上的合理配置，致力于利用中国社会主义制度优势来消除区

---

① 《马克思恩格斯文集》（第9卷），人民出版社2009年版，第289页。
② 同上。

域间的发展差距。中国社会主义制度确立之初，毛泽东就富有远见地提出了"平衡工业发展布局"的思想。针对工业大部分集中在沿海的问题，毛泽东在《论十大关系》中指出："我国全部轻工业和重工业，都有约百分之七十在沿海，只有百分之三十在内地。这是历史上形成的一种不合理的状况。沿海的工业基地必须充分利用，但是，为了平衡工业发展的布局，内地工业必须大力发展。……新的工业大部分应当摆在内地，使工业布局逐步平衡，并且利于备战，这是毫无疑义的。"① 同时，毛泽东强调，要改变对沿海工业的发展"不那么十分注重"的认识，"好好地利用和发展沿海的工业老底子，可以使我们更有力量来发展和支持内地工业"②。基于工业均衡布局和备战的需要，从1964年起，中国政府在中西部地区的13个省、自治区开展了大规模的国防、科技、工业和交通基本设施建设。三线建设为中国中西部地区的工业化以及区域间的均衡发展做了积极的努力和探索。在此进程中，河北的"小三线"建设对于提高河北省的工业实力、边远山区开发以及缩小同京津的差距起到了积极作用。

　　区域均衡发展的思想和实践注重生产力布局的均衡化，与此同时，这种带有平均主义的政策取向也导致了在发展中效益不高的问题，一定程度上抑制了沿海较发达地区的经济发展。邓小平在推进马克思主义中国化进程中创立了中国特色社会主义，提出了"发展才是硬道理"的著名论断。邓小平在南方谈话中指出："看起来我们的发展，总是要在某一个阶段，抓住时机，加速搞几年，发现问题及时加以治理，尔后继续前进。从根本上说，手头东西多了，我们在处理各种矛盾和问题时就立于主动地位。对于我们这样发展中的大国来说，经济要发展得快一点，不可能总是那么平平静静、稳稳当当。要注意经济稳定、协调地发展，但稳定和协调也是相对的，不是绝对的。发展才是硬道理。这个问题要搞清楚。如果分析不当，造成误解，就会

---

① 《毛泽东文集》（第7卷），人民出版社1999年版，第25页。
② 同上书，第26页。

京津冀协同发展的重大战略意义

变得谨小慎微，不敢解放思想，不敢放开手脚，结果是丧失时机，犹如逆水行舟，不进则退。"① 为了尽快缩小中国与西方发达国家的发展差距，邓小平创造性地设计了"两个大局"战略："沿海地区要加快对外开放，使这个拥有两亿人口的广大地带较快地先发展起来，从而带动内地更好地发展，这是一个事关大局的问题。内地要顾全这个大局。反过来，发展到一定的时候，又要求沿海拿出更多力量来帮助内地发展，这也是个大局。那时沿海也要服从这个大局。"② 具体到河北来说，就是要服务于北京作为政治和文化中心这个大局。但这也造成了北京常住人口远远超过了理想的城市承载能力的困局，同时，河北的经济发展水平同首都北京的发展差距越拉越大，形成了所谓的"环首都贫困带"。"环首都贫困带"的成因固然是多方面的，但其中核心的原因是经济联系与行政区划的不统一和不协调。长期以来，环京津地区的经济发展以及资源流动都在服务于北京这个中心，但是由于行政区划归属于河北，北京不会给予环京津地区等同于北京辖区的财政补贴和转移支付；而对河北而言，一方面没有足够的财力填补这样的亏空，另一方面又必须从服务大局的意识出发，做好首都的蓄水池和资源保障地。如此，便造成了北京与河北一河之隔，两个世界、一路分开的贫富两重天地。"这一方面反映了我国传统的以行政区划为单位的补贴机制和转移支付体制已经无法与当下的区域互动机制相匹配，而在更小也更具现实意义的层面上来看，针对包括'环首都贫困带'的问题，正在进行中的首都经济圈规划，至少应当拿出在京津冀地区内进行基于市场原则的新的利益协调机制的设计。"③ 京津冀区域，涵盖北京、天津两大直辖市和河北省11个地级市，人口超过1亿，GDP占全国的1/10以上，是中国经济最具活力、开放程度最高、

---

① 《邓小平文选》（第3卷），人民出版社1993年版，第377页。
② 同上书，第277—278页。
③ 叶一剑：《张家口的不满与首都经济圈规划》，《21世纪经济报道》2011年12月26日。

创新能力最强、吸纳人口最多的地区之一，也是拉动中国经济发展的重要引擎。伴随着改革开放以来的高速发展，京津冀地区也面临着诸多的困难和问题，特别是北京集聚了过多的非首都功能，"大城市病"问题突出，人口过度膨胀，交通日益拥堵，大气污染严重，房价持续高涨，社会管理难度大，引发一系列经济社会问题，引起了全社会广泛关注。同时，京津冀地区水资源严重短缺，地下水严重超采，环境污染问题突出，已成为中国东部地区人与自然关系最为紧张、资源环境超载矛盾最为严重、生态联防联治要求最为迫切的区域；加之区域功能布局不够合理，城镇体系结构失衡，京津两极过于"肥胖"，周边中小城市过于"瘦弱"，区域发展差距悬殊，特别是河北与京津两市发展水平差距较大，公共服务水平落差明显。这些问题，迫切需要国家层面加强统筹，有序疏解北京非首都功能，推动京津冀三省市整体协同发展。如何实现三地发展的有效协调，成为摆在新时代中国共产党人面前的一个必须解决的问题。

新时代，以习近平同志为核心的党中央高度重视京津冀区域发展有序合作、整体加强的问题，创造性地设计了京津冀协同发展国家战略，是马克思主义基本原理在新时代的应用和发展。党的十八大以来，习近平总书记多次发表重要讲话、作出重要指示，强调京津冀协同发展是个大思路、大战略，要通过疏解北京非首都功能，调整经济结构和空间结构，走出一条内涵集约发展的新路子，探索出一种人口经济密集地区优化开发的模式，促进区域协调发展，形成新增长极。2013年，习近平总书记先后到天津、河北调研，强调要推动京津冀协同发展。2014年2月26日，习近平总书记在北京考察工作时发表重要讲话，全面深刻阐述了京津冀协同发展战略的重大意义、推进思路和重点任务。正因为如此，可以说，推动京津冀协同发展，是党中央、国务院在新的历史条件下作出的重大决策部署，对于协调推进"四个全面"战略布局、实现"两个一百年"奋斗目标和中华民族伟大复兴的中国梦，具有重大现实意义和深远历史意义。"推动京津冀

京津冀协同发展的重大战略意义

协同发展的指导思想是,以有序疏解北京非首都功能、解决北京'大城市病'为基本出发点,坚持问题导向,坚持重点突破,坚持改革创新,立足各自比较优势、立足现代产业分工要求、立足区域优势互补原则、立足合作共赢理念,以资源环境承载能力为基础、以京津冀城市群建设为载体、以优化区域分工和产业布局为重点、以资源要素空间统筹规划利用为主线、以构建长效体制机制为抓手,着力调整优化经济结构和空间结构,着力构建现代化交通网络系统,着力扩大环境容量生态空间,着力推进产业升级转移,着力推动公共服务共建共享,着力加快市场一体化进程,加快打造现代化新型首都圈,努力形成京津冀目标同向、措施一体、优势互补、互利共赢的协同发展新格局,打造中国经济发展新的支撑带。"[①]

京津冀协同发展战略,是习近平总书记对马克思主义关于发挥社会主义制度优越性实现区域经济均衡发展理论的运用和发展,以此来解决京津冀区域长期积累的深层次矛盾和问题,有利于加快转变经济发展方式、培育增长新动力和新的增长极、优化区域发展格局,有利于全面对接"一带一路"等重大国家战略,增强对环渤海地区和北方腹地的辐射带动能力,而且还可以为全国转型发展和全方位对外开放做出更大贡献。

三 京津冀协同发展战略是贯彻落实习近平总书记新发展理念的生动实践成果

习近平总书记指出:"发展是解决我国一切问题的基础和关键,发展必须是科学发展,必须坚定不移贯彻创新、协调、绿色、开放、

---

① 《京津冀协同发展领导小组办公室负责人就京津冀协同发展有关问题答记者问》,《人民日报》2015年8月24日。

共享的发展理念。"① 新时代所确立的京津冀协同发展国家战略为京津冀区域加快转型发展，特别是河北省坚定走加快转型绿色发展跨越提升新路提供了前所未有的新机遇。习近平总书记新发展理念是对发展全局的方向指引，也是京津冀协同发展进程中的行动指南。

2015年3月23日，中央财经领导小组第九次会议审议研究了《京津冀协同发展规划纲要》。中共中央政治局2015年4月30日召开会议，审议通过《京津冀协同发展规划纲要》。纲要指出，推动京津冀协同发展是一个重大国家战略，核心是有序疏解北京非首都功能，要在京津冀交通一体化、生态环境保护、产业升级转移等重点领域率先取得突破。这意味着，经过一年多的准备，京津冀协同发展的顶层设计基本完成，推动实施这一战略的总体方针已经明确。《规划》除将明确区域整体定位及三省市定位以外，还将确定京津冀协同发展的近、中、远期目标。《规划》包括总纲、实施细则和具体名录。既有顶层设计纲要，也有实施方案细则和路线图。细则包括交通一体化细则、环保一体化细则和产业一体化细则。

《京津冀协同发展规划纲要》发布四年以来，在交通、生态以及产业协同等需要率先突破的重点领域取得了明显进展。交通方面，铁路、公路、港口、机场协同规划和建设，"一小时交通圈"正在形成；生态方面，污染联防联控联治和生态共建共管共享协同推进，京津冀PM2.5平均浓度下降明显；产业方面，一批协同发展示范区加快建设，"4+N"产业合作格局已见雏形。长期以来，河北大部分区域处于所谓的"环首都贫困带"，用好协同发展新机遇是攻克跨越提升难题实现区域均衡发展的解困良策和有力抓手。可以说，京津冀协同发展战略是习近平总书记新发展理念的生动实践。新的历史起点上，推进京津冀协同发展必须全面贯彻和落实习近平总书记新发展理念，深入学习，认真领会，有所担当，有所作为。

---

① 习近平：《决胜全面建成小康社会 夺取新时代中国特色社会主义伟大胜利——在中国共产党第十九次全国代表大会上的报告》，人民出版社2017年版，第21页。

京津冀协同发展的重大战略意义

推进京津冀协同发展战略，要将新发展理念贯彻始终。特别是河北省作为环首都区域，必须旗帜鲜明当好首都政治"护城河"。京津冀协同发展是党中央作出的重大战略部署，对于整体推进全面深化改革，落实创新、协调、绿色、开放、共享的新发展理念，推进中国特色社会主义伟大事业有着至关重要的政治意义。这势必需要将河北在发展中遇到的难题置放到京津冀区域去做平衡性考量，置放到全国一盘棋的背景下作通盘性考量。就区域而言，解决河北产业结构、民生、生态环境、社会文明程度、意识形态安全等领域存在的问题，恰恰是解决京津冀区域发展不平衡、不协调这一突出问题的重要抓手；不断提高发展质量和效益，增强创新能力，也恰恰是解决京津冀区域发展不可持续这一问题的重要抓手。就全国而言，河北的发展程度和水平关乎京津冀城市群崛起的程度和水平，关乎与珠三角城市群、长三角城市群比肩的程度和水平，进而关乎中国改革开放走向纵深的程度和水平。习近平总书记指出，京津冀协同发展要"自觉打破自家'一亩三分地'的思维定式，抱成团朝着顶层设计的目标一起做"[①]。这就要求京津冀三地在努力促进自身发展的同时要有为"别人"着想、从大局出发的政治自觉和互助意识。

推进京津冀协同发展战略，要以习近平总书记新发展理念为指引，树立机遇意识，迈出"新步伐"，着力夯实近期目标。目前，京津冀产业转移承接平台建设版图已经明确，要着力规划建设石家庄正定新区等15个协同创新平台、石家庄高新技术开发区等20个现代制造业平台、石家庄市乐城·国际贸易城等8个服务业平台、京张坝上蔬菜生产基地等3个现代农业合作平台等共计46个专业化、特色化承接平台。承接平台的规划和建设，为河北在协同发展中迈出"新步伐"提供了非常良好的机遇。这就要求在率先突破的交通、生态和产业等重点协同发展领域已经取得明显进展基础上，紧扣中国社会主要

[①] 《优势互补互利共赢扎实推进 努力实现京津冀一体化发展》，《人民日报》2014年2月28日。

矛盾变化，将人民日益增长的美好生活需要作为前置性发展条件，努力推动高质量协同发展。围绕环首都1小时鲜活农产品流通圈建设，打造连接首都核心市场"五通道"，打通生产、加工、仓储、中转、配送、交易等"多中心"流通节点，夯实高质量交通协同建设成果。围绕人与自然和谐共生的理念，筑牢水资源、空气质量等生态环保红线，把握煤炭等自然资源消耗上限，严守环境质量安全底线，夯实高质量生态协同治理成果。围绕曹妃甸协同发展示范区、张承生态功能区等四大战略合作功能区布局，倾力打造生态友好型、科技创新型协同发展示范区，夯实高质量产业协同发展成果。

推进京津冀协同发展战略，要以习近平总书记新发展理念为指引，树立责任意识，打好"攻坚战"，精准布局中期目标。到2020年，京津冀区域要在交通一体化、生态环境质量、产业联动发展、公共服务共建共享、缩小区域内发展差距等方面取得重大改善和进展。这既是协同发展规划确定的中期目标，也是实现全面建成小康社会战略目标的必然要求。完成这一决胜阶段的任务，必须打好三大"攻坚战"。打好以防控金融风险为重点的防范化解重大风险攻坚战，让金融更好地服务于化解优势产能、扩大有效供给，为发展壮大省域实体经济提供更好的金融产品和金融服务，促成金融同实体经济的良性循环。打好以攻克深度贫困地区脱贫任务为重点的精准脱贫攻坚战，加快推进河北省确定的10个深度贫困县的206个深度贫困村的基础设施建设，改造提升基本公共服务和村容村貌，确保如期解决省内燕山—太行山集中连片深度贫困地区和坝上地区农村的脱贫问题，激发贫困人口内生动力，增加其造血机制和功能。打好以保卫蓝天为重点的污染防治攻坚战，着力调整产业结构、能源结构、运输结构，通过大规模国土绿化行动的全面实施，将河北打造成京津冀区域可持续发展生态环境支撑区。三大"攻坚战"目标精准、任务明确，需要以高度的责任意识发挥主观能动性，为实现协同发展的中期目标作出努力。

◈◈ 京津冀协同发展的重大战略意义 ◈◈

推进京津冀协同发展战略,要以习近平总书记新发展理念为指引,树立担当意识,扭住"牛鼻子",有序接近远期目标。到2030年,京津冀区域要在经济结构、生态环境和公共服务等方面趋于合理、良好和均衡,基本形成具有较强国际竞争力和影响力的一体化区域。党的十九大报告指出:"以疏解北京非首都功能为'牛鼻子'推动京津冀协同发展,高起点规划、高标准建设雄安新区。"[①] 以承接非首都功能为首要任务、以新发展理念为引领的雄安新区,必将成为集聚新产业、培育新动能、引领新潮流的创新绿色智慧新城。规划和建设这样一座现代化的未来之城,要在生态、智能和宜居宜业三方面下功夫。在路径选择上需要将建设雄安新区同京津冀协同发展的重大命题关联起来,在疏解北京非首都功能进程中推进河北既有产业转型和升级、新兴产业布局和发展;在承接京津文化、养老、医疗、教育等产业的同时,有针对性地集聚创新要素资源、培育高端高新产业,实现区域整体发展与经济协同发展水平的互动提升。在河北规划建设这样一座具有典范和样本意义的现代化新城,不仅为京津冀区域协同发展和协同创新提供了有效平台,而且为弥补域内发展短板、推进河北跨越提升提供了有力抓手。

发展理念是发展行动的先导。"新发展理念具有很强的战略性、纲领性、引领性,必须贯穿经济活动全过程。要努力提高统筹贯彻新发展理念的能力和水平,把新发展理念作为指挥棒、红绿灯,对不适应、不适合甚至违背新发展理念的认识要立即调整,行为要坚决纠正,做法要彻底摒弃,真正做到崇尚创新、注重协调、倡导绿色、厚植开放、推进共享。"[②] 推进京津冀协同发展战略,必须全面准确贯彻落实习近平总书记新发展理念,把创新摆在发展全局的核心位置,

---

[①] 习近平:《决胜全面建成小康社会 夺取新时代中国特色社会主义伟大胜利——在中国共产党第十九次全国代表大会上的报告》,人民出版社2017年版,第33页。

[②] 中共中央宣传部:《习近平新时代中国特色社会主义思想学习纲要》,学习出版社、人民出版社2019年版,第110页。

通过协调发展解决发展不平衡问题，以绿色发展推进人与自然和谐共生，以开放发展实现内外联动，通过共享发展来推进全体人民共同富裕，五大发展理念协同联动，谱写出京津冀协同发展的炫彩明天。

作者：

胡文臻（中国社会科学院哲学研究所副研究员；中国社会科学院中国文化研究中心副主任；中国社会科学院社会发展研究中心常务副主任，特约研究员）

温小勇（河北科技大学马克思主义学院副教授）

研究经济林的哲学思考
——国家培育战略性能源型资源的意义

胡文臻

2013年9月7日，习近平总书记在哈萨克斯坦纳扎尔巴耶夫大学发表演讲并回答学生们提出的问题，在谈到环境保护问题时他指出："我们既要绿水青山，也要金山银山；宁要绿水青山，不要金山银山，而且绿水青山就是金山银山。"① 这明确表达了我们党和政府大力推进生态文明建设的鲜明态度和坚定决心。

一 经济林的能源型生态属性

能源型生态属性包括两个方面，一是经济林的生态经济效益属性，二是能源型的战略资源效益属性。经济林是一个国家的重要能源型资源。

生态效益属性是指经济林的林业生产发展过程和生态环境变化方面，例如，黄河沿线需要经济林树种多样和居民生活密切关联，选用树种经济保护和防止黄河两岸水土流失是可行性的措施，是长期有效改善黄河区域生产习惯及生态环境的重要生态举措；能源型战略资源

---

① 《八、绿水青山就是金山银山》，《人民日报》2014年7月11日第12版。

效益属性是指满足人民基本生活生存资源前提下，可以完全应用于国家安全的战略物资的经济效益属性。

战略资源属性首先是指在经济林产业发展环境中，经济林的能源型属性通过物资应用在社会发展各个行业被广泛应用的战略资源属性；其次是经济林的战略资源属性的二次利用，是人们生活中以经济林长成后采伐和买卖运输交易等经济行为，使用于人们生活、活动及必需的建筑、食品、医药、军工、生态等各个行业资源的分配收益。经济林产业化发展是按照这两个特殊属性来实现的。生态经济效益属性与能源型的战略资源效益属性是完全有机统一的整体。

如何认识、了解、发展经济林产业，必须要有战略思维，需要遵循生态效益、社会效益、经济效益、文化效益相统一的发展规律。生态效益为第一，引领发展社会效益，有了好的稳定的生态环境效益，发展经济效益是统一的，文化效益是必然的。

二　培育能源型经济林的战略安全意义

能源型经济林的生态经济效益属性和能源型战略资源效益属性的国家安全意义是惠及子孙和实现中国梦的基础工程。

（一）人与自然的生态经济效益意义

经济林是森林资源的重要组成部分，经济林具有天然的人与自然的关系属性。经济林建设也是国家储备林建设的重要基础工程和组成部分。经济林的生态意义主要表现在国家生态安全、区域生态环境改善、人与自然生态经济效益体现等基本方面。生态经济效益体现则是人与自然关系中的主要动态指标，是表现经济林全部生态意义的客观公正的评价指标，也是唯一反映人与自然经济效益的正向与负向判断指标。以此来看，经济林的生态意义主要是指人与自然的生态经济效益关系能向着生态强国方向建设，如此其生态经济效益意义才有增长

研究经济林的哲学思考

价值。

以西部山区经济林建设来看，经济林的植被治理和保护生态环境的意义是重要的，能基本保持农林牧民长期赖以生存的环境。例如，黄河源头位于青海的腹地，河源一为扎曲，二为约古宗列曲，三为卡日曲。扎曲一年之中大部分时间干涸；而卡日曲是以五个泉眼开始的，流域面积也最大，在旱季也不干涸，是黄河的正源。约古宗列曲仅有一个泉眼，是一个东西长40公里、南北宽约60公里的椭圆形盆地，内有100多个小水泊，似繁星点点，又似晶莹的粒粒珍珠。①

黄河源头的生态环境是天然的保水环境，天然的植被是其基础的保水设施，人工不要破坏，将荒山草地与现有林草山地进行资源化保护，加快调研荒山草地缺少能源型经济林的保护面积，通过区域森林公园、森林氧吧、国家储备林等经济林规划建设，加快能源型的经济林资源培育与综合产业化加工利用。

例如，可以生产以果品为主的经济林，主要生产干果或木材兼用。常见的种类有以下几种。银杏林材果兼用，果供食用，叶可用以提制治疗心血管系统疾病的药物冠心酮；香榧林材果兼用，果供食用，也可榨取食用油等。以生产食用油料为主的经济林常见的种类有以下几种。油茶林种仁含油率可达50%以上，可供食用和工业用；杜仲油料为取果榨油，供食用和工业用等。以生产工业原料为主的经济林常见的种类有以下几种。油桐林种子所榨的油称桐油，是干性油，供油漆工业用；花椒林主产果实含有芳香油，可作食品调味香料或加工榨取椒油供食用或工业用等。以生产药材为主的经济林有杜仲林，主要产品树皮（杜仲）含有桃叶珊瑚苷，为强壮剂也是降低高血压良药；另外杜仲的果实、树叶、树皮均含有杜仲胶，是一种可加工的橡胶原料等。这些经济林只是中国1500多种经济林中的一小部分，说明一种经济林的食品与药材的二重性完全具备了培育能源型资

---

① 吴素霞、常国刚、李凤霞等：《近年来黄河源头地区玛多县湖泊变化》，《湖泊科学》2008年第3期。

源工程的基本种植与加工产品条件。

江河湖海连通陆地流域区域,加快建设成为保存自然纯净雨水功能的天然涵养水源区,建立防止水资源流失的管护机制与经济林培育工程结合起来,才能够完全实践习近平总书记的绿水青山就是金山银山的发展理念。

经济林的培育种植与区域涵养水源的工程建设,不只是弥补源头泉源减少的情况或者出现枯竭的问题。以黄河流域为例,经济林资源布局种植可以使森林资源迅速覆盖黄河沿途各个区域,经济林能源型的生态调节作用将会促进沿途的山川河流融合汇流,通过天然的条件帮助黄河干流能够吸收充足的降水以减少发生洪水、泥石流等严重的自然灾害。人与自然是森林自由的属性,也是人类的权利,人类的另一目标效益就是经济林的生态经济效益价值,实质是经济林的经济属性带给人类的生活体验。

另外,经济林的自我环境制造修复工程是人类无法做到的,比如,经济林形成的森林中有很多可以提供人们生活实用的有机养料、氧气、食品原料、饲料,这些原料在森林中形成的天然养分,是有益人类健康的原料;以落叶乔木来看,乔木生长会从土壤吸收水分,然后通过枯枝败叶的形式转化为可以使人类饮食的菌类,部分形成了肥料,这些由种植经济林规划形成的循环经济产业链,同样完全体现了人与自然和谐统一,实现了生态经济效益的重要意义和满足人类基本生活的成果。

(二) 培育能源型的资源哲学意义

2014年3月14日在中央财经领导小组第五次会议上,习近平总书记指出:"建设生态文明,首先要从改变自然、征服自然转向调整人的行为、纠正人的错误行为。要做到人与自然和谐,天人合一,不要试图征服老天爷。"这是习近平绿水青山哲学思想的具体实践,也是培育能源型经济林战略资源的基本遵循和实践。

研究经济林的哲学思考

在对待自然的问题上，恩格斯早就告诫人们：我们不要过分陶醉于我们人类对自然界的胜利。对于每一次这样的胜利，自然界都对我们进行报复。人类的活动是以生存为目的的，每次经济活动的原始行动都以破坏生态环境为代价，获取的资源效益是短期的，但却需要花费巨大的人力、物力、财力来修复破坏的自然环境。

培育经济林资源以能源型的哲学思考为本，是长期改善、培育生态环境的重要方法，是实现培育能源型资源的基础工程。如果离开了哲学思考，破坏生态环境行动就会肆无忌惮，而实现的结果往往是更大的破坏性过程，取得的每一次胜利，是隐藏于我们美好的预期结果中的破坏性后果。人类只有遵循自然规律才能有效防止在开发利用自然上走弯路，人类对大自然的伤害最终会伤及人类自身，这是无法抗拒的规律。

"天人合一""道法自然"等质朴睿智的自然观，是生态哲学的研究与发展，更是对开发生态资源的人们行动的深刻反思。自然规律是自然界及其发展过程中的本质普遍联系，我们虽然能够探索、认识和利用自然规律，改变其发生作用的形式，却不能违背、消除自然规律。习近平总书记强调，环境就是民生，青山就是美丽，蓝天也是幸福。要像保护眼睛一样保护生态环境，要像对待生命一样对待生态环境。坚持节约优先、保护优先、自然恢复的基本方针。只有尊重自然、顺应自然、保护自然，才能更好地满足人类自身生存和发展的需要，实现中华民族的永续发展。

培育能源型经济林资源是符合马克思主义哲学原理的，是以哲学角度去看待分析问题的，能源型经济林资源的培育工程从国家安全和整体利益来看，是符合14亿中国人的生存环境与需求的最佳方案。实现培育能源型经济林资源目标，以确保战略资源的整体功能得到最大的发展，从这一点来看，以哲学思考来发展好整体和局部的关系是非常重要的。人的生存离不开绿水青山的环境，建设好生态环境关照人类命运共同体永续发展，必须要高度重视在整体的基础上也要满足能源型经济林的培育工程。

(三) 能源型经济林资源的生态效益属性价值

能源型的生态经济效益价值是以经济林的植物种类的多样性、丰富性的生态经济效益价值来体现的。其属性价值意义在于经济林的生活属性必须选择包含多个物种、经济林资源生存环境和人类生活的生态环境的经济目的性价值。经济林的能源型价值是资源质量性为基础的生态效益价值意义，其评价很难通过统一的量化计算获得有效数据，必须通过部分经济林的可以满足基本生活资源的价值和规划量进行合理评估。

(四) 能源型的经济林生态经济效益属性意义

生态经济是经济林经济效益和生态效益结合的生态经济效益的总称，具有经济林经济效益的典型特征。经济林生态效益是以经济林的生态意义在经营过程中，空气的净化、改善生态环境、净化环境、水土流失等方面的经济行为来实现的，其生态属性意义产生了极其重要的生态清洁和保护作用。经济林的经济效益是以在经济林的能源型系列战略产品和战略资源满足工业需求方面参与了经济林生存环境的过程，制造了经济林满足人们基本生活资料来源的条件，这些条件通过满足人类基本生产生活中的食品、油料、菜品、生活家居、木料等，以及用于造纸、建筑、工程制造等相关专业领域实现了价值意义。

(五) 能源型的经济林战略资源属性意义

能源型的经济林资源的第一属性就是战略属性。战略资源就是可以满足人类基本生活的原料，可以满足人类生存的基本物资，可以满足人类制造设备、工具、武器的原料等。能源型战略资源是优势资源，是长期的可以培育再生的、可以代代相传的基本生活资源，是以战略资源来管理、保护、开发和使用的民生工程。

满足人类生活的战略资源属性的经济林建设和开发生态经济林资源具有共同的生态效益，是经济林安全意义、能源型资源的生态意义和国家安全意义才有的基本发展和保障。生态效益属性的能源型特征重点体现在经济林开发产业化的生态经济管理哲学实践活动中，经济林的生态经济效益是建立在生态环境结构合理、生态资源平衡规律下的绿色发展理念基础上，经济规律制约着经济效益，两者相互依存又相互抵消，没有适宜的生态平衡，就没有可以生存的生态效益和环境，社会就会无法推进。

　　经济林资源是国家重要的能源型资源之一，是国家经济发展、生态环境可持续发展均衡的基本生活资料来源。

　　进入新时代以来，人们的生态保护理念在逐步成熟并应用，建设能源型经济林资源，开发生态产品、开展研究解决合理、生态、绿色环境问题，加快实现小康社会生活和中国梦的目标，是国家需要的具有安全意义的应用对策研究任务。

作者：

胡文臻（中国社会科学院哲学研究所副研究员；中国社会科学院中国文化研究中心副主任；中国社会科学院社会发展研究中心常务副主任，特约研究员）

有机马克思主义与生态马克思主义生态思想之比较[*]

崔赞梅

有机马克思主义与生态马克思主义都以生态问题为核心关切，只是理论基点不同，对生态危机的审视和思考也不同。它们在形成时间上有先后，在内容上也有很大的关联。有机马克思主义尤其借鉴了生态马克思主义代表人物约翰·福斯特（John Foster）的生态思想，且在有机马克思主义形成过程中，福斯特也给予了认可和支持。对有机马克思主义与生态马克思主义的生态思想进行比较研究，有助于科学认识和正确对待有机马克思主义这一新生事物，取其精华、弃其糟粕，以丰富中国的生态文明建设理论，拓展绿色发展新实践。

一 有机马克思主义与生态马克思主义生态思想的共性

有机马克思主义与生态马克思主义都关注生态问题，并共同致力

---

[*] 本文系河北科技大学博士科研启动基金"绿色发展视域下有机马克思主义生态文明思想研究"（项目批准号：1181341）、河北科技大学习近平新时代中国特色社会主义思想研究中心项目（项目批准号：X201801）、河北省社会科学基金一般项目"习近平生态文明思想的正定溯源与实践研究"（项目批准号：HB19MK017）的阶段性成果。

有机马克思主义与生态马克思主义生态思想之比较

于生态危机的解决。二者的生态思想不同于其他西方绿色思潮的地方在于，它们都对马克思的生态思想给予认同，并在此基础上构建自己的生态理论。因此，它们不仅批判资本主义制度的反生态本性，而且反对科学技术的资本主义应用，倡导技术伦理。

（一）对马克思生态思想的认同

生态马克思主义最大的理论贡献之一，是对马克思著作中的生态思想进行了挖掘和梳理。他们认为，面对日益严峻的生态问题，需要正确认识马克思的生态思想，继而"回到马克思"。戴维·佩珀认为，马克思的历史唯物主义蕴含人与自然关系的和谐，马克思的思想有着明确的生态立场，他的辩证法是认识人与自然之间关系的科学方法，揭示了人与自然之间的辩证统一和相互作用。福斯特认为，马克思的生态思想丰富而深刻，在其理论体系中占有非常重要的地位。马克思的生态观以其唯物主义为基础，是一种深刻的、真正系统的生态世界观。[1] 马克思的辩证法也是关于自然与历史演进的辩证法。同时，福斯特对马克思的经典著作《资本论》《1844年经济学哲学手稿》等篇章进行了深度耕读，对马克思的生态思想进行了多角度的阐释，尤其对马克思"新陈代谢断裂"理论的解读，从人与自然之间物质变换的角度，试图展现马克思对资本主义进行生态批判的原貌。

有机马克思主义赞同福斯特的观点，认为马克思具有深刻的生态洞察力。他们认为，马克思的"新陈代谢断裂"理论，批判了资本主义对人与自然之间物质变换条件的破坏。马克思强调：人类生命、其他生命形式、这个星球上养育这些生命的物理和化学条件的深度统一，是任何人类生命自然存在的前提条件。[2] 资本主义对这三个方面

---

[1] ［美］约翰·福斯特：《马克思的生态学：唯物主义与自然》，刘仁胜等译，高等教育出版社2006年版，第3页。

[2] ［美］菲利普·克莱顿、贾斯廷·海因泽克：《有机马克思主义——生态灾难与资本主义的替代选择》，孟献丽、于桂凤、张丽霞译，人民出版社2015年版，第196页。

的分离是非自然的、反生态的。在他们看来，马克思的唯物主义是非还原主义的，由于自然科学成果和达尔文的进化论在马克思的思想形成中发挥了重要影响，马克思并没有把唯物主义和物质决定论联系在一起，"按照马克思的理解……唯物主义的自然观并不必然是指一种僵化的机械决定论，就像机械论（即机械唯物主义）中的那样"①。此外，有机马克思主义还认为，近年来自然科学取得了重大进展、生态危机日益成为全球性的问题以及中国化马克思主义的发展等，都需要对马克思主义的思想进行调整和完善。所以，他们试图在福斯特生态思想的基础上有所推进，认为"福斯特强调的三个主要方面——唯物主义、历史观和辩证法——应该保留"②，但在每一个方面又都应该以新的方式进行描绘和拓展。

（二）对资本主义制度及现代性的反生态批判

作为日益严峻的生态危机的理论回应，生态马克思主义认为，生态危机的真正根源是资本主义制度及其生产方式，并对二者之间的必然联系进行深入探讨。在他们看来，首先，资本的本性就是追求生产的无限扩张以实现利润的最大化，资本只有在无限的流通和扩张中才能实现剩余价值的生产，这就必然与自然资源的有限性产生矛盾，这是资本主义生产方式的内在缺陷。其次，资本主义生产以追求利润为最大目的。这必然导致生产过程中只注重短期回报、缺乏长远眼光，资本家为了降低成本、尽快获取最大收益，不愿在资源保护和环境治理方面投入，久而久之势必造成对资源的劫掠和破坏。最后，发达国家在资本主义的无限扩张和经济全球化的历史进程中，通过不平等的国际政治经济秩序向广大发展中国家转嫁环境危机，形成所谓的"生

---

① [美]约翰·福斯特：《马克思的生态学：唯物主义与自然》，刘仁胜等译，高等教育出版社2006年版，第3页。
② [美]菲利普·克莱顿、贾斯廷·海因泽克：《有机马克思主义——生态灾难与资本主义的替代选择》，孟献丽、于桂凤、张丽霞译，人民出版社2015年版，第200页。

态帝国主义",加重了第三世界国家的生态环境问题,使生态危机遍及全球。此外,生态马克思主义还对现代性消费主义价值观和现代"控制自然"的观念进行了批判。在他们看来,最大量的消费和需求必然带来对资源的浪费和破坏。而作为现代性价值体系的核心观念,"控制自然"也仅仅将自然看成是满足需要的对象和工具。

有机马克思主义认为,生态危机的真正根源是与资本主义相伴而生的现代性。现代性的核心特征是西方社会由来已久的机械主义世界观,机械主义世界观是建立在牛顿力学基础上的人类对世界的认识图景。以笛卡尔、康德等为代表的现代哲学以二元对立、碎片化和原子化为表征,是现代社会工具理性盛行的哲学基础,它将人类与其他生命都看成一部缺乏内在价值的机器。在他们看来,正是机械主义世界观将人自身、人类社会和整个自然割裂开来,它是人自身异化及人与自然关系恶化的深层思想根源。[1] 于是人类在发展自身的过程中将自然看成手段和工具,在自然面前大施淫威,引起日益严重的生态危机。此外,有机马克思主义也将资本主义制度及其生产方式看成是生态危机的原因。他们认为,建立在资本无限扩张基础上的资本主义经济制度所追求的生产无止境的循环、增长,已经使人类触碰到了地球增长的极限,这个星球也已经无法再支撑下去。

(三) 反对科学技术的资本主义应用,倡导技术伦理

和生态中心论者拒斥科学技术不同,生态马克思主义和有机马克思主义对人类科学技术持肯定态度,他们认为,生态文明建设要以科学技术的不断进步为基础。但是,二者均反对科学技术的资本主义应用,在他们看来,这必然导致科学技术服务于资本追逐利润的需要,从而演变为统治人与自然的工具。

---

[1] [美]大卫·格里芬:《后现代科学》,马季方译,中央编译出版社2004年版,第11页。

生态马克思主义认为，科学技术本身并没有价值属性，它在人类社会中的作用与性质同社会结构和权力关系有着内在的密切联系。所以它既反对将科学技术本身看成是生态危机根源的技术悲观主义，也反对将生态危机的解决寄希望于科学技术发展的技术乐观主义。他们认为，科学技术的发展和使用在资本主义制度下，必然会屈从于资本追逐利润的本性，从而造成科学技术的非理性运用，引起生态危机。尤其近代以来的启蒙理性割裂了技术理性和价值理性的内在关联，使科学技术异化为控制自然和统治人的工具，必然造成人的异化和人与自然关系的破坏。所以，生态马克思主义提出了要重建科技的伦理基础，在改变资本主义制度的基础上，重新理解"控制自然"的观念，以克服科学技术的异化。[1]可见，生态马克思主义从资本主义制度和现代价值观两个层面对科学技术的异化进行了研究，并开出了自己的药方。

有机马克思主义的前身——建设性后现代主义，不像解构性后现代主义那样主张完全抛弃现代性，而是在批判现代性的同时，对现代的积极成果给予肯定和借鉴，从而追求建立一种更加美好的后现代社会。在此基础上，有机马克思主义并不排斥现代科学技术，而是对其持一种包容的态度，认为一种后现代的生态文明的建立，需要吸收现代社会所取得的科技成果。但是，有机马克思主义认为，现代科学的范式是还原论的，是建立在牛顿力学和启蒙哲学基础上的机械论模式。要想实现这种科学范式的转变，必须以量子力学和怀特海有机哲学为基础，建立相互联系的系统科学。他们认为，没有这种科学上有机范式的转变，就不能对现代科学技术进行重新思考，建立一种新的生态文明也是不可能的。可见，有机马克思主义对现代科学技术的反对主要针对其哲学基础，这也正是生态马克思主义所希冀的。此外，有机马克思主义还认为，应该从传统价值观的角度看待科技，以传统

---

[1] 王雨辰：《生态批判与绿色乌托邦》，人民出版社2009年版，第175页。

有机马克思主义与生态马克思主义生态思想之比较

价值的精神力量影响和感染科技，从而使其变得更人道、更关心他人，[1] 以实现科技的伦理化。

二 有机马克思主义与生态马克思主义生态思想的差异性

有机马克思主义与生态马克思主义虽然在生态问题上有很多共识，但由于他们有着不同的理论基础，从不同的角度对生态危机进行了审视和思考，在对生态危机根源的认识与解决途径上有着不同的看法，从而构成了他们不同的生态文明理论。

（一）二者的理论基础不同

生态马克思主义坚持马克思的历史唯物主义理论，并以此为基础，批判了资本主义的反生态性，揭示资本主义与生态危机的必然联系。他们认为，马克思的历史唯物主义属于实践唯物主义，主要研究在实践基础上人与自然的统一，内在地包含着生态思维。在福斯特看来，马克思的历史唯物主义不是机械唯物主义，它一向重视物质条件与自然历史之间的必然联系。[2] 佩珀认为，马克思的历史唯物主义分析历史的方法内涵生态意蕴。按照历史唯物主义的观点，经济基础决定上层建筑，后者又反过来影响前者。二者相互影响、相互作用，共同推进人类历史向前发展。如此，要想改变社会以及社会与自然之间的关系，必须谋求物质与经济生活的改变。在此基础上，生态马克思主义认为，资本主义制度及其生产方式是当代生态危机的根源，只有实现彻底变革，才能真正解决人的异化、自然的异化和科技的异化，使生态危机得以彻底解决。

---

[1] ［美］小约翰·科布、杨志华、王治河：《建设性后现代主义生态文明观》，《求是学刊》2016年第1期。

[2] 王雨辰：《生态批判与绿色乌托邦》，人民出版社2009年版，第56页。

有机马克思主义以怀特海有机哲学（过程哲学）为基础，可以看作是一种怀特海式的马克思主义。他们认为，怀特海哲学对其至关重要，"艾尔弗雷德·诺斯·怀特海对于过程思想的核心重要性犹如马克思之于社会主义理论的核心重要性"[1]。一方面，怀特海有助于使20世纪的西方思想家确信过程对于科学和人类经验的极端重要性；另一方面，在政治思维上，怀特海用"亦此亦彼"的解决方案替代"非此即彼"，这样才开启了后现代马克思主义的大门。怀特海有机哲学是关联性、过程性和整体性的统一，它是基于量子力学等新科学成果而形成的新世界观和方法论。[2] 这种有机、过程和整体的思维为有机马克思主义正确看待人与自然、经济系统与自然环境的关系奠定了哲学基础。在他们看来，生态危机的解决应该抛弃现代二元对立的机械思维，寻求资本主义的替代方案，即构建社会主义生态文明社会。

（二）对生态危机根源的认识与解决途径不同

在将资本主义制度及其生产方式看成是生态危机根源的基础上，生态马克思主义还认为，资本主义的消费主义价值观、"控制自然"的观念和"人类中心主义"价值观也是导致生态危机的重要原因。所以，生态马克思主义主要以马克思历史唯物主义为基础，对资本主义制度及其生产方式展开生态批判，力图将生态运动引向激进的生态政治变革，提出了构建生态社会主义的生态政治战略。不同的理论家以不同的视角，构建了他们自己的"生态社会主义"理想图景，尤以高兹、奥康纳和福斯特为代表。高兹通过批判资本主义的经济理性——无止境地追求剩余价值和利润的最大化，揭露资本主义生产方

---

[1] ［美］菲利普·克莱顿、贾斯廷·海因泽克：《有机马克思主义——生态灾难与资本主义的替代选择》，孟献丽、于桂凤、张丽霞译，人民出版社2015年版，第171页。

[2] Philip Clayton and Justin Heinzekehr, Organic Marxism: An Alternative to Capitalism and Ecological Catastrophe, Anoka: Process Century Press, 2014, pp. 197–198.

式所蕴含的生态矛盾,正是它导致的生态危机成为社会主义革命的内生动力,而生态危机的受害者成为革命的中坚力量,从而使高兹的生态社会主义具有更多的实践性和可操作性。奥康纳通过分析社会主义国家生态问题形成的原因,指出社会主义运动和生态运动结合的必要性。并认为,只有走生态社会主义的道路,生态问题才能得到真正解决。福斯特的生态政治战略吸取了马克思的阶级理论观点,认为生态运动无法超越阶级斗争,"只有把工人阶级纳入到生态运动中……才有可能超越资本主义社会形态,建立生态社会主义社会"[1]。在他看来,生态问题反映的是人与人之间关系的问题,只有借鉴马克思的阶级立场、观点和方法,处理好人与人之间的关系才能使生态问题得到根本解决。

有机马克思主义以后现代为立场,认为生态危机的根源在于现代性及其无限经济增长癖。现代性,亦即启蒙运动以来理性原则主导下的现代世界观和思维方式,其核心特征就是机械主义世界观。在他们看来,机械主义世界观是将人与自然割裂开来的深层思想根源。他们认为,在资本主义社会,资本主义经济制度就是建立在以机械主义世界观为基础的经济无限增长的假设之上的。这种无极限的经济增长既是资本主义政治合理性的依据、资本主义科技意识形态化的根源,也是资本主义日常经济核算的根本。所以他们指出,对资本主义生产方式和经济模式的修修补补,已经不能消除其与地球极限之间的矛盾,只有寄希望于人类思维方式的彻底变革,才能实现经济规划的合理化发展。因此,有机马克思主义主张,以有机哲学为基础,坚持有机、生态和社会主义原则,树立"共同体观念",建立以"地方共同体"为基础的、由"共同体"组成的和谐全球秩序,即他们的共同体社会主义,或称有机社会主义。

---

[1] 王雨辰:《生态学马克思主义与生态文明研究》,人民出版社2015年版,第211页。

（三）对生态文明的认识不同

生态马克思主义虽然没有提出明确的生态文明概念，但已形成了生态文明思想。有机马克思主义将生态的、共同福祉的建设性后现代文明作为资本主义的替代方案，在中国提出生态文明的战略任务以后，其代表人物小约翰·科布明确将"生态文明"作为这样的替代方案。

生态马克思主义主张重新认识马克思历史唯物主义的生态维度，认为当代生态危机的解决应该"回到马克思"，并探寻和梳理马克思著作中丰富的生态思想。在马克思的基础上，进一步从制度层面明确了生态危机的根源，并深刻剖析了资本主义"控制自然"的观念、"人类中心主义"和消费主义价值观同生态危机的必然联系。坚持马克思主义历史分析和阶级分析方法，主张生态运动应该和阶级斗争相结合，从而形成激进的生态政治变革，建立生态社会主义社会。与生态马克思主义不同，有机马克思主义在有机哲学的基础上，明确提出了生态文明是当代资本主义的替代方案，并认为，生态文明的本质即为将追求共同福祉置于经济增长的目标之上，这是一种价值理性，追求的是人与自然的和谐、生物圈的繁荣和整个星球的长远利益。在实现生态文明的途径上，有机马克思主义提出了既不同于资本主义又不同于传统社会主义的"第三条道路"，它主张混合制、超越公—私二分法和超越"价值中立"的教育，以培育共同价值观为切入点，倡导建设共同体社会主义（有机社会主义），以建构一种后现代的、追求共同福祉的文明形态——生态文明。

三 比较研究中正确认识和科学对待有机马克思主义

在对二者的比较研究中，可以得到有机马克思主义更为清晰的认

有机马克思主义与生态马克思主义生态思想之比较

识图景。第一，它认可生态马克思主义对马克思生态思想的回归。同时认为，在新的历史条件下，应该对生态马克思主义的思想有所拓展和深化。可见，在时间上先后出现的两个同样关注生态问题的理论流派，有机马克思主义对生态马克思主义在内容上有着一定的借鉴和发挥。第二，它和生态马克思主义虽然都对现代性和资本主义制度进行了反生态批判，都反对科学技术的资本主义应用，倡导技术伦理，但是，不同的理论基础决定了它们不同的理论视域。"两者在批判资本主义制度和现代性价值体系方面的理论重点存在重要区别。"[①] 生态马克思主义主要从历史唯物主义的角度，从资本主义制度及其生产方式的视角展开论述；而有机马克思主义则从后现代有机哲学的视角，主要对现代机械主义世界观和现代性的弊端进行批判。第三，在倡导科学技术的范式转化及生态危机的解决途径方面，有机马克思主义的立场是后现代的，主要针对现代世界观和思维方式的弊端，要求从科学技术的哲学基础、有机整体的思维方式及"亦此亦彼"的混合型"第三条道路"等方面阐述自己的理论主张。

在以上认识的基础上，可以进一步得出以下结论。

首先，有机马克思主义作为一种国外马克思主义的新范式，在对生态马克思主义进行借鉴和吸收的同时，既有发展也有后退，既有合理成分也不乏思想局限。有机马克思主义以有机哲学为基础，以一以贯之的生态关切和对生态危机的责任情怀，在当代生态问题日益成为各国政治和经济生活主题的时代背景下，以其独特的观察视角和思考方式提出了资本主义的替代方案。它从后现代的角度对生态危机根源的再思考，对现代性和资本主义制度的反生态批判，对资本主义自由市场体系的剖析和无极限经济增长的拒斥，对我们认识生态危机和资本主义的经济、政治制度提供了一种新的思路。

其次，有机马克思主义对有机、生态和社会主义的坚持，对中国

[①] 王雨辰：《生态学马克思主义与有机马克思主义的生态文明理论的异同》，《哲学动态》2016 年第 1 期。

传统文化的崇尚和中国特色社会主义的认可,对生态文明的理论和实践诉求,为我们发展21世纪中国的马克思主义提供了一种新的资源。在中国进行社会主义生态文明建设,大力推进绿色发展的新形势下,对有机马克思主义生态思想的研究有一定的理论和实践价值。

最后,对有机马克思主义的思想局限也要有一个清晰的认识。它作为一个刚刚兴起的理论学派,很多思想还不完善、不健全。如它的生态文明思想、有机教育理念和有机社会主义构想,还仅仅处于初步思索阶段,缺乏细致的理论蓝图和实践操作。况且有机马克思主义毕竟诞生于西方国家,或多或少都会受到西方资产阶级思想的影响,它对经典马克思主义的误读与偏离、对资本主义私有制的保守与暧昧及"第三条道路"的资本主义改良本质都体现了有机马克思主义理论的局限和不足。对此,我们要坚持马克思主义的立场、观点和方法进行科学的分析和评判,在中国特色社会主义新时代,尤其要坚持习近平新时代中国特色社会主义思想,这就是当代中国的马克思主义。[①] 在此基础上,对待有机马克思主义的研究新成果要有分析、有鉴别,[②] 取其精华、弃其糟粕,以发展中国21世纪具有全球视野和时代特征的马克思主义理论,同时拓展新时代社会主义生态文明建设和绿色发展新实践。

作者:

崔赞梅(河北科技大学马克思主义学院讲师,中国社会科学院法学博士)

[①] 汪信砚:《有机马克思主义的理论本质》,《西南大学学报》2017年第2期。
[②] 习近平:《深刻认识马克思主义时代意义和现实意义 继续推进马克思主义中国化时代化大众化》,《人民日报》2017年9月30日。

马克思主义哲学理论研究

面向"中国问题"的 21 世纪马克思主义哲学创新

覃志红

新中国已走过 70 年的光辉历程，经过长期努力，中国特色社会主义进入了新时代，中国发展又站在了新的历史起点上。伟大的时代呼唤更加自信和强有力的哲学创新理论，直面 21 世纪中国发展的一系列重大问题、推动马克思主义哲学创新已成为社会的共同关切，也是哲学研究者的当代使命。

一 马克思主义哲学的实践特质、问题意识与主体关照

我们从事马克思主义哲学研究的人经常会被问到这样一个问题：马克思主义哲学究竟是什么？虽然通过搜索引擎可以搜出关于这个词条的各种解释，但要清楚地回答这个问题就像要回答清楚"哲学是什么"一样困难。从功能上来讲，哲学具有追问存在、提供方法、升华境界的作用。哲学是建立在一种通晓思维的历史和成就基础上的理论思维。要想追问哲学就必须学习哲学史。而要想弄清楚什么是马克思主义哲学，就需要了解马克思主义哲学发展史。从马克思主义哲学创立之初的历史来看，在实践的观点、问题意识及对人的态度等方面体

现出马克思主义哲学不同于以往哲学的鲜明特色。

马克思一生勇于探索实践、不断追寻真理，给人类留下了宝贵的思想遗产，早在马克思主义的创立时期，马克思就强调实践的观点，并把"改变世界"作为其哲学乃至其整个理论的独特品格。"哲学家们只是用不同的方式解释世界，问题在于改变世界。"① 马克思这一新哲学观的宣言就表明了其哲学的实践指向，即理论阐释并不是目的，真正的目的在于对社会现实进行批判和改造。

在莱茵报时期，为了解答"物质利益难题"，马克思曾陷入思想和理论的困惑，他原有的理性哲学观的内在矛盾逐渐凸显，思想上的矛盾推动马克思努力寻求哲学观的根本性变革。马克思先将市民社会与私人经济利益相关联，剖析作为社会世俗基础的市民社会的秘密，深入探寻资本主义社会劳动异化的实质及其形成的原因和深层根源。随后，马克思又将理论的视角从人之外的私有财产转向直接关乎人本身的劳动，把问题的探讨从"物质利益"转向了"生产劳动过程"，使物的探讨与人的自由追寻和主体的实现紧密相连。在对工业和交换的历史进行考察的同时，马克思对资本主义社会进行了深刻的政治经济学批判，在此基础上，马克思不断理清着自己的哲学思想和理论认识，逐渐完成了其哲学观的变革和唯物史观的创建，最终找到了解开历史之谜的钥匙，为实现人的自由全面发展和人类的解放找到了现实的条件并指明了前进的方向。

马克思主义哲学所具有的实践特质决定了它拥有强烈的问题意识，强调问题意识就是坚持一种从现实出发，实事求是的态度。不是从理论到理论的空谈，而应是从实践到理论，再由理论到实践的不断反复过程。同时，还要具有批判与反思的理论基调和与时俱进、开放的理论视野。现实是生动的、不断变化的，从现实出发就意味着要与时代同步伐，保持不断发展和开放的态度。问题的提出、研究和解

---

① 《马克思恩格斯选集》第1卷，人民出版社1995年版，第57页。

决更是马克思主义哲学得以存在的生命线，也是马克思主义哲学得以不断发展的源泉和动力。

在《关于费尔巴哈的提纲》中，一开篇马克思就指出："从前的一切唯物主义（包括费尔巴哈的唯物主义）的主要缺点是：对事物：现实、感性，只是从客体或者直观的形式去理解，而不是把他们当作人的感性活动，当作实践去理解。所以，结果竟是这样，和唯物主义相反，唯心主义却发展了能动的方面，但只是抽象地发展了，因为唯心主义当然是不知道真正现实的、感性的活动本身的。"① 实践是人的感性活动，外部事物正是因为有了人的实践活动的参与，才不再是孤立的存在。也正是人的感性活动的理解视角，使得马克思主义哲学超越了"主客二分"的直观的唯物主义，为唯物主义增添了辩证的、历史的根基。在《德意志意识形态》中，马克思进而明确地提出："对实践的唯物主义者即共产主义者来说，全部问题都在于使现存世界革命化，实际地反对并改变现存的事物。"② 而"改变世界"并非目的本身，对现存世界的"改变"是以实现人的自由全面发展为根本价值旨归的。作为一种实践的哲学观，马克思主义哲学并非外在于人的抽象的存在，而是有着深层的主体关照和鲜明的主体立场。

变革创新是推动人类社会向前发展的根本动力。任何社会的发展都不完全是自然和自发的，迄今为止，人类社会的基本矛盾运动都要通过人与人、人与社会的外在冲突，借由历史主体的自觉调节和变革来加以实现，这体现了整个人类社会历史演进的内在逻辑。"思想本身根本不能实现什么东西。思想要得到实现，就要有使用实践力量的人。"③ 理论只有内化为实践者的立场、观点和方法才更具有现实性。马克思主义哲学乃至整个理论的出发点就是从事实际活动的"现实的个人"，而其理论归宿则是以"每个人的自由发展"为条件的"一切

---

① 《马克思恩格斯选集》第1卷，人民出版社1995年版，第54页。
② 同上书，第75页。
③ 《马克思恩格斯文集》第1卷，人民出版社2009年版，第320页。

人的自由发展"①。这一出发点就明确了马克思主义理论的基本主体立场，而这一最终理论归宿则指明了其根本的价值旨归。马克思主义哲学是无产阶级获得解放的思想武器。"哲学把无产阶级当作自己的物质武器，同样，无产阶级也把哲学当作自己的精神武器。"② 任何关于马克思主义哲学主题的研究和思考都不能脱离处于社会关系中的劳动者个人所面对的生存境遇。

二 新中国70年马克思主义哲学研究与"中国问题"之呈现

中国共产党人尊重历史规律，自觉运用马克思主义理论指导中国的发展实践，而马克思主义哲学则为中国革命、建设、改革提供了强大的思想武器。"问题是时代的格言，是表现时代自己内心状态的最实际的呼声。"③ 在新中国70年的发展历程中，伴随着"中国问题"在不同阶段的不同表现，国内马克思主义哲学的研究主题和思维方式也呈现出阶段性的特点与变化。

大体上可以分为四个阶段。

第一个阶段：大致从1949年到1966年，这是中国恢复经济、进行社会主义改造和建设的时期，也是马克思列宁主义哲学进一步传播和发展的时期。新中国成立之初，百废待兴，恢复国民经济、巩固新生的人民政权、统一纷乱复杂的社会思想、解决旧中国遗留下来的烂摊子以及实现由新民主主义社会向社会主义社会的伟大转变等一系列重大历史任务构成了这一时期中国问题的主线，也成为这一阶段马克思主义哲学研究的国内背景。为了巩固政权和完成社会主义革命，这一时期的马克思主义哲学传播、研究和发展更多地强调其意识形态

---

① 《马克思恩格斯全集》第30卷，人民出版社1995年版，第107—108页。
② 《马克思恩格斯选集》第1卷，人民出版社1995年版，第15页。
③ 同上书，第203页。

性、权威性和革命性，很大程度上沿用了苏联哲学教科书的逻辑体系，同时也吸收了马克思主义哲学中国化的有益成果。与中国发展现实相呼应，在马克思主义哲学研究中也产生过诸如实用主义批判、"抽象继承法"批判、过渡时期无产阶级与资产阶级矛盾性质问题讨论、思维与存在同一性问题讨论、"一分为二"与"合二为一"问题的讨论等论争。①

第二个阶段：大致从1966年到1976年，是全国经济、政治、文化极度混乱，党、国家和人民遭受严重挫折和损失的"文化大革命"时期。在人民民主专政的国家政权建立以后，尤其是社会主义改造基本完成、剥削阶级已被消灭以后，虽然社会主义革命的任务还没有最后完成，但是革命的内容和方法已经同过去根本不同。"中国问题"的主题不应是阶级斗争，而应是社会主义建设事业的全面展开。党的八大关于社会主要矛盾和发展任务的基本正确的认识没能坚持和贯彻。由于我们对于社会主义建设的经验不足，对于建设中出现的复杂问题的把握具有过多的主观主义的偏差，缺乏宏观上总体性的客观分析与评判。马克思主义哲学虽然在表面上被推崇得很高，但实际上被教条主义、主观主义随意解读，非此即彼的形而上学的对立思维和脱离实际、脱离群众的唯心主义大行其道，马克思主义哲学毫无发展可言。在对人的态度上，也陷入了两个极端，一方面过分夸大主观作用，甚至背离了马克思主义哲学实事求是的基本观点，主观主义、个人专断和个人崇拜十分严重；另一方面，又忽视人的基本需求，对现实人的基本权利肆意践踏，甚至发生许多泯灭人性的惨剧。

第三个阶段：从20世纪70年代末到20世纪末，"文化大革命"结束并开始改革开放、重新进行社会主义现代化建设的时期，也是马克思主义哲学正本清源，学科建设和学术研究恢复正常发展

---

① 参见黄楠森《对马克思主义哲学在中国50年的回顾》，《中国特色社会主义研究》1999年第5期。

的时期。党的十一届三中全会标志着中国进入全面改革开放的历史新时期，同时也揭开了用马克思主义哲学改造中国、求解"中国向何处去"的问题、探索中国道路的新篇章。[①] 自 20 世纪 80 年代以来，围绕真理标准、人道主义和异化、实践唯物主义等问题的讨论，学界开始重新理解马克思主义哲学的一些重要范畴与基本原理，马克思主义哲学研究在认识论研究、价值论研究、主体性研究、历史观研究、人学研究、马克思主义哲学史学科建设和哲学教科书体系改革等方面取得了丰富的成果。[②] 与此同时，"问题意识"开始凸显，部门哲学研究迅速崛起，而部门哲学又通过对经济、政治、文化等现实问题的探讨以及对经济学、政治学、文化学等具体科学的借鉴，深化了对马克思主义一些重要范畴与原理的理解，并赋予其时代性的内涵与现实意义。

第四个阶段：进入 21 世纪以来，中国的改革开放向纵深发展，中国特色社会主义是改革开放以来党的全部理论和实践的主题。中国马克思主义哲学研究呈现出日益多样化分化发展的格局。文本研究、国外马克思主义研究、中西马对话、重建历史唯物主义、资本逻辑和《资本论》哲学研究等领域成为研究的热点，研究这种多样化分化发展正好折射出了新时期中国道路向纵深拓展过程中，中国社会生活的多样化展开和领域分化的社会现实，反映了这一过程中深化对相关领域的认识的客观需要，同时也适应了中国问题研究向纵深拓展的要求。特别是进入新时代，中国发展站到了新的历史起点上，中国特色社会主义进入了新的发展阶段。随着中国社会主要矛盾的变化，为了回应当代中国实践需要、聚焦中国问题、总结中国经验，建构马克思主义哲学中国化新形态成为学界关注的焦点。

---

① 参见汪信砚《马克思主义哲学中国化与中国道路的哲学表达》，《哲学研究》2018 年第 1 期。

② 参见杨学功《改革开放 40 年中国马克思主义哲学研究的历史和逻辑》，《京师文化评论》2018 秋季号（总第 3 期）。

三 面向"中国问题"的21世纪马克思主义哲学创新路径

纵观新中国70年,马克思主义哲学研究中的实践导向、问题意识以及主体关照的程度与中国的马克思主义哲学发展有着密切的相关性。忽视或背离实践导向、问题意识和主体关照,马克思主义哲学创新发展就会遇到挫折,马克思主义哲学鲜活的生命力就难以凸显。在当代中国,以哲学的方式关注中国问题,就是要结合中国社会发展的特殊性,观照中国发展过程中呈现出来的重大理论和现实问题,既要把握时代的脉搏,又要与现实保持一定的张力,提升出哲学的核心理念。"把中国问题作为马克思主义哲学发展的生长点以及推进马克思主义哲学创新的动力点,就能找到马克思主义哲学发展与现实生活世界进步的结合点,进而推动哲学与现实的深层互动。"[①]

(一)从当代中国发展中寻找哲学创新的源泉

新中国70年的历史与现实使中国人民取得共识,中国的出路在于发展,中国解决所有问题的关键在于发展,中华民族的命运和社会主义的兴衰成败皆系于发展。马克思主义哲学的学术性就体现在其鲜明的现实性和深刻的思想性上;能够对发展中的重大问题做出深刻的理解与回答,正是其学术生命力之所在。要站在中国发展与世界发展的高度对经济全球化进程及其问题进行深入研究,对社会发展的精神信仰问题、生态问题、制度价值问题、社会治理问题等进行深入研究。

[①] 韩庆祥、王海滨:《建构"面向中国问题的哲学"研究范式》,《江海学刊》2015年第4期。

（二）明确原则基础，创新哲学思维

坚持马克思主义哲学在中国发展中的真实在场，就是要坚持唯物史观、坚持实事求是、坚持辩证地看问题的方法、坚持人民立场和人的自由全面发展的价值指向。在此基础上，不断创新哲学思维，彻底走出教条主义、主客二分、非此即彼的形而上学思维方式的束缚。

历经40余年的探索和推进，中国的改革已进入全面深化阶段，改革的复杂性、敏感性、艰巨性更加突出。尤其需要坚持马克思主义的指导，破除一切不合时宜的思想观念，提高改革决策科学性，坚持改革的正确方向。同时，应对改革进程中的各种挑战，落实改革部署和重大政策措施，也都离不开马克思主义哲学在理论与实践中的真实在场。防止实践中的非马克思主义思想倾向及做法给改革推进带来不利影响。

首先，回避利益问题并非实事求是的态度。其次，从观念出发解释实践的做法不可取。再次，片面追求经济增量易导致畸形发展。最后，坚持人民立场不是一个简单的口号。以人民为中心谋发展是社会主义改革应坚持的基本主体立场和根本价值导向，这不能仅仅停留在口头，而是要真正贯彻到改革决策、利益协调、理论和制度创新等一系列改革实践当中。在一定意义上可以说，是否真正坚持人民立场是真假马克思主义的试金石。

（三）反思研究方法与研究路径

学界在学习借鉴国外相关研究、反思传统研究方法、回应挑战的过程中也在不断开启中国的马克思主义哲学新形态的建构之路，做出了许多积极有益的探索。然而，在理论探索中，还存在着对一些重大理论问题的模糊认识以及在研究方法和价值指向方面不同程度的偏差。因此，如何在吸收借鉴国外研究成果与研究方法的同时，不对西方理论研究路径过度依赖;如何在反思传统研究模式的同时,避免矫枉过正,丢掉根基,迷失自己;如何在深化学术辨析的同时,又不丧失理论的实践性和革命性,这些问题值得我们在探索理论创新的路径选择时认真思考。

(四)加强学科交叉融合,构建中国话语

第一,打破学科壁垒,加强学科交叉融合。在现代学术体系与学科分化的条件下,以学科分类为基础的专业化研究既是必要的,也是不可避免的,但与此同时,一些重要问题的破解必然要求打破学科的界限,划界与融合都是常态性的要求。特别是当前现代化发展所面临的社会发展创新动力不足、持续发展的深层活力不够,以及一系列迫切需要解决的生态和社会难题,都需要我们走出划界思维,消除人为造成的学科间的差异及研究方法差异带来的混乱,驱除由于科技的专业化和标准化造成的科学发展的停滞与科学意识形态宰制人的情形。只有这样,才能使实践主体具有开放性和创造性的思维,突破现有知识和传统方法的局限,对于现时代社会和人的发展难题,尝试从多视角、多层次、多维度地去思考并加以解决。

第二,改变学风和文风,构建中国话语。真正的马克思主义者,无论写文章、著书、写报告,还是作演讲,都有着鲜明的问题导向,具有极强的问题针对性。那种空洞、干瘪甚至虚张声势的教条式的八股文,一方面来自没有领会马克思主义的真精神,另一方面来自不动脑筋的形式主义方法,这既与现实问题相脱节,也与马克思主义的精神实质要求相背离,尤其令群众反感且避之不及。

要善于用中国特有的语言表述马克思主义哲学的基本原理,要对中国固有的语言进行马克思主义的新诠释。马克思主义哲学中国化不仅体现在内容方面,也体现在形式方面,这样才会形成具有中国作风和中国气派的哲学,才能真正建构符合新时代要求的、具有中国特色的马克思主义哲学研究范式和学术话语体系。

作者：

覃志红（哲学博士，河北省社会科学院中国特色社会主义理论研究所副所长，副研究员）

论中国特色社会主义实践和马克思主义哲学中国化

李永胜　李威威

经过改革开放 40 年的实践积累和理论探索，中国特色社会主义实践和马克思主义哲学中国化之间逐渐形成了一种良性互动关系。一方面，中国特色社会主义实践为马克思主义哲学中国化开辟了广阔空间，是推动马克思主义哲学中国化的基本动力；另一方面，马克思主义哲学中国化形成的理论成果又反过来指导、推进中国特色社会主义实践不断向前发展，两者的矛盾互动就构成了中国特色社会主义事业发展的根本动力。习近平同志曾指出："40 年来，中国人民坚持解放思想、实事求是，实现解放思想和改革开放相互激荡、观念创新和实践探索相互促进，充分显示了思想引领的强大力量。坚持理论创新和实践探索良性互动，是我国改革开放取得巨大成功的一条宝贵经验。深刻理解并运用好这一宝贵经验，对于新时代全面深化改革具有重要意义。"[1] 本文立足于习近平新时代中国特色社会主义建设的历史站位，通过对中国特色社会主义实践与马克思主义哲学中国化互动关系及其丰富内涵的探究，以期为进一步推动中国特色社会主义道路的开辟和发展提供有益思考。

---

[1] 习近平：《开放共创繁荣　创新引领未来》，《人民日报》2018 年 4 月 11 日第 3 版。

马克思主义哲学理论研究

一 中国特色社会主义实践为马克思主义哲学中国化开辟了广阔空间

从学理上说，中国特色社会主义实践是一种特殊的社会实践，主要体现在两个方面：第一，其实践的行为主体庞大，涵盖党领导下的全体社会主义事业建设者；第二，其实践对象全面且复杂，包括中国特色社会主义建设的经济、政治、社会、文化等不同领域和不同层次。尽管有着相当的特殊性，但中国特色社会主义实践在其普遍性上依然属于马克思主义哲学涵括的实践范畴，因此，具备马克思主义实践观所应有的一般规定性，其中"实践需要在科学理论的指导下进行"构成了马克思主义哲学中国化的必要性内涵；"实践是认识发展的主要动力"构成了马克思主义哲学中国化的可能性内涵。

（一）中国特色社会主义实践需要马克思主义哲学中国化

实践需要科学的理论作指导才可能取得成功，中国特色社会主义实践也不例外，它以马克思主义为指导理论。马克思主义具有科学性，其辩证唯物主义认识论实现了在实践基础上的辩证法与唯物论的有机统一，因而成为共产党人认识世界和改造世界最重要的思想理论武器。但这并不等同于可以用马克思主义哲学直接指导中国特色社会主义实践活动。因为，中国特色社会主义实践作为实践的一种，同样是人们有目的、有计划地探索和改造现实世界的物质活动，它的特点是普遍性和特殊性、一般性和具体性、合规律性和合目的性相统一。而马克思主义哲学是关于外部世界和人类思维运动的一般规律的科学，其特点是抽象性、普遍性、间接性以及非目的性，所提供的是关于外部世界和人类思维运动统一的规律，是关于"是什么"和"为什么"的系统知识，它所具有的方法论意义只能起到哲学思维方式和思维模式的作用，实质上仍旧是远离具体问题的一般。因此，无论是马克思主义哲学的世界观还是它的方法论意义，皆无法满足实践本性的客观要求，因为它们均不提供在遵循其世界观的前提下人们在实践活动中应该"怎么做"的系统知识。由之决定，马克思主义哲学和中国特色社会主义实践之间需要建立一个中介环节，即方法论体系。而方法论体系构建的首要原则就是尊重客体自然规律，因为方法论本质上取决于客体对象的规定，只有在这个基础上才能谈及对方法自身内在规律以及思维和存在相统一规律的遵循。因此，中国特色社会主义实践对象的具体性、现实性、历史性、客观性要求在其方法论体系的建构过程中必须将实践的目标、任务、要求、需要、意向等注入在其中，唯其如此，才能实现从客观世界自发运动规律向主观世界自觉运动规律的转化，才能体现出方法论体系合规律性与合目的性、合原理性与合实践性的统一。可以说，马克思主义哲学本身的内在要求和中国特色社会主义实践的客观需要都昭示着我们应将马克思主义哲学方法论中国化，即实现马克思主义哲学中国化，这样诞生的理论才是真正表征主体自觉能动性的科学，才能指导中国特色社会主义实践不断取得胜利。

再从历史层面看，广义上说，自马克思主义传入中国伊始，便开启了中国化进程，中国共产党的历史也是马克思主义中国化的历史。观今宜鉴古，历史经验还表明，党的事业遭遇重大挫折的历史节点，往往也是马克思主义中国化进程受到抑制的时期，比如，第五次反围剿的失败、"文化大革命"的错误发动等历史挫折，究其思想根源上的问题都是没有把马克思主义与彼时中国实际正确结合，即没有继续推进马克思主义的中国化；而要推进马克思主义中国化，首要的就是进行马克思主义哲学中国化，因为世界观和方法论具有根本性意义。因此，历史上的这些失败、教训无疑是以否定的形式肯定了马克思主义哲学中国化的必要性。

（二）中国特色社会主义实践为马克思主义哲学中国化创造了可能性

实践是认识发展的动力，也是理论创新的动力，中国特色社会主义实践的不断深化不仅为马克思主义哲学中国化注入了强大推动力，更创造了巨大可能性。

1. 中国特色社会主义实践为马克思主义哲学中国化提供了新的问题域

问题是理论创新的生命线，没有问题就不可能产生理论。陈先达先生说过："问题，无论在自然科学还是在哲学中都是思维发展的推动力量，是思想创新的推动力量。"① 马克思主义哲学中国化本质上是一种思维转换和理论创新活动，即通过创新使马克思主义哲学获得新的理论形态，而理论的创新离不开问题的指引。党的十一届三中全会召开宣示了改革开放新时代的到来，马克思曾指出，"问题就是时代的口号"②，肇始于改革开放新时代的中国特色社会主义实践，顺理成章地为马克思主义哲学中国化的理论创新提供了一个全方位、多视角的问题域，主要包含三大方面：一是中国特色社会主义实践中，如何处理、协调经济运行中的市场经济体制与国家宏观调控的矛盾，从而构建出完善的社会主义市场经济体系的问题；二是在中国特色社会主义建设中，如何处理经济发展与人的发展、资源环境与经济发展的矛盾，即如何实现社会主义科学发展的问题；三是在中国特色社会主义实践中，如何处理好以往实践造成的一系列不平衡、不充分发展的矛盾，从而实现社会主义全面可持续发展的问题。三者共同为马克思主义哲学中国化提供了有效的问题域，在此基础上，通过对这些中国"现实问题"的哲学观照，使哲学真正成为"思想中把握到的时代"，赋予马克思主义哲学以丰富的中国内涵，推动马克思主义哲学中国化。

2. 中国特色社会主义实践的领导核心为马克思主义哲学中国化提供了重要保障

中国特色社会主义实践是中国共产党领导下的伟大实践活动，党

---

① 陈先达：《哲学中的问题与问题中的哲学》，《中国社会科学》2006年第2期。
② 《马克思恩格斯全集》第40卷，人民出版社1982年版。

论中国特色社会主义实践和马克思主义哲学中国化

的领导是中国特色社会主义实践的本质属性。在现实层面,通过对中国特色社会主义实践的统筹驾驭,党的领导为马克思主义哲学中国化提供了重要保障。第一,提供了政治保障。从意识形态的视角看,马克思主义哲学中国化实质上是一种政治主导意识形态的建构过程,因此,需要一个稳定的政治环境作为保障。在中国特色社会主义实践的过程中,党通过对中国化的马克思主义哲学阶级立场的把握和对各种错误社会思潮及其本质和危害的深刻揭示,为中国主导意识形态建设指明了必须坚持的社会主义方向,有效杜绝了诸如新自由主义、"普世价值论"、拜金主义、"西方政治制度先进论"、享乐主义、"民主社会主义论"、极端个人主义等当代思潮的消极影响,为马克思主义哲学中国化的推进提供了理想的政治环境和政治保障。第二,提供了组织保障。推动马克思主义哲学中国化是一项系统工程,因而需要强有力的组织保障。从历史上看,党的历史就是不断推进马克思主义哲学中国化的历史。习近平总书记指出:"我们党自成立起就高度重视在思想上建党,其中十分重要的一条就是坚持用马克思主义哲学教育和武装全党。学哲学、用哲学,是我们党的一个好传统。"[①] 他反复强调党的各级领导干部尤其是高级干部,要"努力把马克思主义哲学作为自己的看家本领"。学习、运用马克思主义哲学,并不断将其"中国化"已然成为我们党组织建设的一项重要内容和任务,因此,执政党对马克思主义的这种坚定信仰在实际行动中就能够转化成马克思主义哲学中国化这项系统工程的重要组织保障。

3. 中国特色社会主义实践促进了马克思主义哲学中国化理论自觉的形成

所谓马克思主义哲学中国化的理论自觉概括成一句话就是,逐步形成一种像马克思一样思考中国现实问题的自觉意识。从根本意义上说就是实施马克思主义哲学中国化的行为主体分为两类:一是个体主

[①] 《推动全党学习和掌握历史唯物主义 更好认识规律更加能动地推进工作》,2013年12月5日。

体，如学者、相关的理论工作者等；二是群体主体，如中国共产党。应当逐步形成"像马克思那样思考中国现实问题"的自觉意识。这里面有两层含义。首先，中国特色社会主义实践规定了主体应当像马克思那样思考中国现实问题。一方面，主体在实施马克思主义哲学中国化的活动中，要像马克思那样思考，即遵循马克思主义哲学的方法论从实践的视角去理解问题和分析问题，目的是确保马克思主义哲学中国化的理论成果不会偏离马克思主义哲学的理论本性，即理论的建构具备合法性依据；另一方面，主体思考的对象是中国现实问题，这决定了马克思主义哲学中国化的理论成果是符合中国实际需要的，从而能够推动中国特色社会主义实践。其次，中国特色社会主义实践决定了主体只能逐步学会像马克思那样思考中国问题。由于中国特色社会主义实践具有长期性、复杂性、阶段性、客观性的特征，不同历史时期遇到的问题也都不尽相同，这就需要找到这些问题与马克思主义哲学思想的不同侧面进行结合的结合点，并在此基础上进行实践理论的发展，因而就导致了马克思主义哲学中国化产生的理论成果必然兼具绝对性和相对性、连续性和过渡性相统一的特质，这就要求主体在实践过程中必须形成一种理论创新的自觉意识，一方面以现有理论成果为基础去指导实践；另一方面又要保持一种对现有理论的超越意识。概言之，中国特色社会主义实践促进了主体三种意识的发展：其一，促进了主体运用马克思主义哲学进行思考的自觉意识；其二，促进了主体思考中国问题的自觉意识；其三，促进了主体理论创新的自觉意识。这些意识共同构成了马克思主义哲学中国化的理论自觉。

二 马克思主义哲学中国化推动中国特色社会主义实践不断前进

根据马克思主义的实践观点，理论来源于实践而又反过来指导新的实践，理论只有应用于实践才能显示出理论的价值和意义；再者，

论中国特色社会主义实践和马克思主义哲学中国化

理论真理性的检验也需要实践,尽管逻辑证明在某些情况下能够辅助检验,但只有回到实践中去,理论的真理性才能得到彻底的检验,理论才能实现真正意义上的发展。从实践的角度看,理论回到实践中去也是实践本身的要求,人的实践是在一定理论指导下的行为,实践只有在科学的理论指导下才可能取得成功;实践如果没有理论的指导就是盲目的实践,其结果必将是失败的。马克思主义中国化的第二次飞跃诞生了中国特色社会主义理论体系,即中国特色社会主义实践的指导思想。它包含邓小平理论、"三个代表"重要思想、科学发展观和习近平新时代中国特色社会主义思想。这些思想成果普遍蕴含着马克思主义哲学的基本精神,从不同方面延伸和拓展了马克思主义哲学的思想内涵,是中国马克思主义哲学的理论表达,体现出不同时期党运用马克思主义哲学分析、解决中国现实问题的理论自觉,它们围绕着中国特色社会主义实践中遇到的重大理论和现实问题给出了回应,进而在实践上推动了中国特色社会主义道路的不断延伸。

(一)对马克思主义中国化的哲学反思开启了中国特色社会主义实践

1. "关于真理标准问题的讨论"使人们摆脱了教条主义的思想束缚,为党恢复和重新确立实事求是的思想路线奠定了哲学基础,开启了改革开放的新时代

"文化大革命"结束以后,理论界展开了针对"四人帮"宣扬的精神万能论以及唯意志论等历史唯心主义的拨乱反正,但"两个凡是"错误方针的思想阴霾始终没有完全散去。新的实践要求思想的解放,而要彻底解除这些思想观念的束缚,必须从最根本的思想观念即哲学观念层面入手。于是,关于真理标准问题这一学术命题探讨的政治化转向就顺理成章地成为解放思想的突破口。在邓小平同志等老一辈无产阶级革命家的推动下,"关于真理标准问题的讨论"最终冲破了"两个凡是"的束缚,党的十一届三中全会的召开,重新确立解放思想、实事求是的思想路线,做出把党和国家的工作重心转移到经

济建设上来，实行对内改革、对外开放的重大决策。紧接着，党的十二届中央委员会第三次全体会议上通过了《中共中央关于经济体制改革的决定》，其中邓小平同志提出了"生产力标准"的科学论断，即把是否有利于发展生产力作为衡量一切得失的最主要标准，这在实践上极大地激发了社会生产的积极性。从此，中国迈向了特色社会主义建设的新阶段。

2．"三个有利于"标准消除了人们对市场经济"姓社""姓资"的犹疑，为中国特色社会主义市场经济实践奠定了哲学基础

20世纪80年代末，东欧剧变、苏联解体，国内也发生了政治风波，世界社会主义发展陷入低潮。美国学者福山抛出"历史终结论"，断言自由民主制度是"人类最后一种统治形式"。面对这种复杂局势，一些人对党的基本路线产生动摇，对中国的未来缺乏信心。中国特色社会主义道路面临往哪走的历史抉择。1992年，邓小平同志发表南方谈话，提出了是否有利于发展社会主义社会的生产力、是否有利于增强社会主义国家的综合国力、是否有利于提高人民的生活水平的"三个有利于"标准，回答了"什么是社会主义，怎样建设社会主义"的哲学追问。"三个有利于"标准的提出，为中国特色社会主义实践指明了方向，打开了新局面。在"南方谈话"思想的指引下，党的十四大正式提出建立社会主义市场经济体制，标志着中国特色社会主义实践取得了历史性成就。

（二）马克思主义哲学中国化为21世纪中国特色社会主义实践继续贡献智慧

1．在继承和发展"三个有利于"标准的基础上，"三个代表"重要思想的提出从哲学层面深化了对党的建设规律的认识

进入21世纪，中国特色社会主义实践形势发生了一系列变化，概括起来有两点：一是随着社会主义市场经济的发展，出现了贫富分

化、腐败滋生等一系列社会问题和矛盾；二是随着中国社会主义市场经济的快速发展，外资企业、民营企业以及股份制企业如雨后春笋般发展起来，新的社会阶层不断涌现，对党的阶级基础提出了新挑战。这些问题共同构成了21世纪中国共产党新的忧患意识，如果得不到正确的解决，中国特色社会主义实践必定会遭受挫折。在这种历史背景下，江泽民同志提出了"三个代表"重要思想，它从生产关系一定要适合生产力发展状况这一马克思主义基本原理出发，提出中国共产党要始终代表中国先进生产力的发展要求；从作为思想上层建筑中文化的功能和本质出发，提出中国共产党要始终代表中国先进文化的前进方向；从唯物史观的视角出发，强调人民是历史的创造者，提出中国共产党要始终代表中国最广大人民的根本利益。"三个代表"重要思想体现了党的性质、宗旨以及历史使命的统一，是中国共产党历史上的又一次思想解放，将中国特色社会主义实践成功推向了新世纪。

2. 科学发展观引领人们超越对物质利益的片面追求，深化了对发展理论的哲学认知

党的十六大以后，随着社会主义市场经济的高速发展，片面发展带来的一系列突出问题开始显现，如片面追求经济效益、忽视人的发展、环境和资源矛盾加剧等发展问题。这些问题给中国共产党提出"发展为了什么，为了谁"的终极哲学思考，这就需要在马克思主义的发展伦理框架内给予回应，"以人为本"的科学发展观正是对这一系列问题的理论解答。科学发展观明确了人是发展的根本目的，要以人的发展统领经济社会发展。经济发展归根结底都是为了满足广大人民群众的物质文化需要，促进人的全面发展。科学发展观的提出是对苏联教科书体系的反思与实践探索的结果，是马克思主义哲学中国化的又一重大理论成果，在现实层面，推动中国特色社会主义实践走向了健康发展的正确轨道。

（三）习近平新时代中国特色社会主义思想引领中国特色社会主义实践走向未来

党的十八大以来，国际国内形势发生了广泛而深刻的变化，中国特色社会主义实践面临着新形势新挑战新任务。破解新时代改革开放的难题，需要我们拿出马克思主义哲学的看家本领，创造性地运用和发展马克思主义哲学。习近平总书记指出："辩证唯物主义是中国共产党人的世界观和方法论，我们党要团结带领人民协调推进全面建成小康社会、全面深化改革、全面依法治国、全面从严治党，实现'两个一百年'奋斗目标、实现中华民族伟大复兴的中国梦，必须不断接受马克思主义哲学智慧的滋养，更加自觉地坚持和运用辩证唯物主义世界观和方法论，增强辩证思维、战略思维能力，努力提高解决我国改革发展基本问题的本领。"[①] 从总体上看，习近平总书记对马克思主义哲学的创造性运用有效推动了中国特色社会主义实践的全方位发展，主要体现在以下几个方面。

1."以人民为中心"成为推进全面改革开放的价值引领

党的十八大以来，习近平总书记始终把促进社会公平正义与增进人民福祉作为改革实践的出发点和落脚点，这也是"以人民为中心"发展思想的具体展现。习近平总书记提出要把为人民谋幸福作为检验改革成效的标准，让改革开放成果更好地惠及广大人民群众。"以人民为中心"明确了中国特色社会主义实践发展的价值观与价值立场，即回答了"为谁发展"的问题。马克思主义哲学始终坚持从"现实的人"出发考察人类历史，认为人民是历史的创造者，以人民为中心的发展思想正是从关怀"现实的人"着手，更加强调对人民实实在在的现实需求的满足，如幸福感、获得感、安全、环境、民主、法治、公平、正义等，因而也更加注重人的全面发展。总之，"以人民为中心"发展思想的提出是对马克思人学思想和社会发展理论的赓

---

① 《习近平在中共中央政治局第二十次集体学习时强调　坚持运用辩证唯物主义世界观方法论提高解决我国改革发展基本问题本领》，《人民日报》2015年1月25日第1版。

续，在实践上推动中国经济社会走向更加合理的新轨道。

2. 以马克思主义哲学的方法论分析社会主要矛盾变化，为改革指明方向

习近平总书记在党的十九大报告中提出："中国特色社会主义进入新时代，我国社会主要矛盾已经转化为人民日益增长的美好生活需要和不平衡不充分的发展之间的矛盾。"[1] 这一科学判断是以坚持辩证唯物主义和历史唯物主义为基本方法论指导，同时统筹考虑历史和现实、理论和实际、国内和国际等因素的基础上得出的：从生产力总体规模看，中国社会生产力整体上处于较高水平，工业生产能力已然跃居世界前列，因而生产力发展的主要矛盾不再体现为"落后"而是"不平衡不充分"，比如，城乡发展不平衡、区域发展不平衡、经济结构不平衡、环境污染等问题，高端产能占比较低，核心技术缺乏；从人民对美好生活的角度看，人们除了对物质文化生活有了更高要求，希望得到更多优质商品和服务外，在公平、正义、安全、环境、法治、民主等社会价值公共方面的要求也不断提升，同时对个人尊严、人格等个体价值方面也提出了新的诉求。只有满足了上诉这些方面的诉求，人的自由与全面发展的实现才能更有保障。

3. 以实事求是统领新时代改革开放，以辩证思维力推全面深化改革

实事求是是党的基本路线，是对辩证唯物主义和历史唯物主义世界观和方法论的高度概括，是中国特色社会主义实践成功最重要的法宝。习近平总书记指出："我国已进入全面建设小康社会的关键时期和深化改革开放、加快转变经济发展方式的攻坚时期，我们面临的国内外形势更加复杂多变，新情况新问题新矛盾层出不穷。这些都对我们坚持和更好地贯彻实事求是的思想路线提出了新的要求。"[2] 他要求广大党员和领导干部充分领会并坚持实事求是的基本精神，努力做

---

[1] 《党的十九大报告辅导读本》，人民出版社 2017 年版。
[2] 习近平：《坚持实事求是的思想路线》，《学习时报》2012 年 5 月 28 日。

坚持实事求是的表率。党的十八大以来,"五位一体"的总体布局和"四个全面"的战略布局都是基于贯彻实事求是的思想路线作出的,中国特色社会主义实践所取得的各项重大突破也是贯彻实事求是思想路线的成果。党的十八大以来,改革开始涉入深水区,客观上要求党必须重新把握新时代改革的深刻内涵,这就需要运用马克思主义哲学的唯物辩证思维,全面处理和协调好各领域各环节各方面之间的关系。2018年10月,习近平总书记在广东考察时强调:"要掌握辩证唯物主义和历史唯物主义的方法论,以改革开放的眼光看待改革开放,充分认识新形势下改革开放的时代性、体系性、全局性问题,在更高起点、更高层次、更高目标上推进改革开放。"① "全面深化"四个字赋予新时代的"改革"更加丰富的内涵,即向广度和深度拓展。全面深化改革涉及经济、政治、社会、文化、生态文明建设各个领域,要以辩证思维处理好改革的系统性、整体性、协同性。

4. 提出"人类命运共同体"思想,发展中国特色社会主义实践的世界向度

习近平总书记创造性地提出了"人类命运共同体"的伟大构想,以和谐共生为基本哲学理念,以共同价值为导向,着力构建共商共建共享的新型全球治理观。"人类命运共同体"思想是基于文化多样化、经济全球化、世界多极化和社会信息化,粮食安全、疾病流行、气候变化、环境污染、资源短缺、跨国犯罪等全球非传统安全问题层出不穷的人类实践新特点,提出的一个关于人类社会的新的理念,超越了"零和博弈"思维。以"一带一路"倡议为主体支撑,推动了新时代中国特色社会主义实践发展的世界向度。

马克思主义哲学是中国共产党人的看家本领,中国化的马克思主义哲学成为改革开放以来党带领人民推进中国特色社会主义实践最重要的精神武器,40年来的历次重大转折,都是以马克思主义哲学中

---

① 《习近平在广东考察时强调 高举新时代改革开放旗帜 把改革开放不断推向深入》,《人民日报》,2018年10月26日。

国化的重大突破为理论先导，因此，改革开放在中国马克思主义哲学的引领下不断取得胜利，这正是中国特色社会主义实践取得伟大成就的根本经验。

三　在中国特色社会主义实践和马克思主义哲学中国化的良性互动中推动中国道路不断向前发展

　　实践的发展和理论的创新呈现出一种循环往复以至无穷的运动状态，体现出过程的反复性和无限性特征。反复性是由于实践活动本身的主观局限性和社会历史性，导致它必然受到主客观条件的双重限制，需要多次才能完成；无限性主要是由于客观世界是无限发展的，它在时间和空间上都没有尽头，因此，理论和实践的循环会无限进行下去。理论和实践的双向互动推动着社会不断向前发展。从现实导向看，中国特色社会主义实践和马克思主义哲学中国化循环互动的最终落脚点和归宿正是推动中国道路的不断开辟。中国道路实质上包含三重维度：历史的、实践的及理论的维度。其历史维度体现在中国道路的延续性上，即中国道路是建立在对过往实践经验和教训总结的基础上，并且是一个不断发展的探索之路；其实践维度指向则是党领导下的中国特色社会主义伟大实践；其理论维度发展的必然要求和逻辑导向就是构建21世纪中国马克思主义。概言之，中国道路就是在马克思主义指导下，党领导中国人民为实现中华民族伟大复兴的中国梦而探索出的理论与实践创新之路，是历史和逻辑的统一。当今世界正经历百年未有之大变局，一方面，时代环境和实践基础的改变，要求中国马克思主义哲学对实践过程中出现的新情况给出哲学上的阐释，对出现的新问题给予哲学关照；另一方面，中国特色社会主义实践的发展也为马克思主义哲学中国化的理论创新提供了现实土壤和新的问题域，这种双向良性互动构成了新时代中国道路实践发展的基本模式和理论创新的自觉意识。笔者认为在未来中国道路的探索和开辟过程中，需要在理论和实践层面重点把握以下几个方面的问题。

（一）在坚持马克思主义哲学本质的基础上进行理论创新，永葆中国道路的社会主义本色

在马克思主义哲学史上，一直面临着坚持马克思主义哲学与发展马克思主义哲学的二重困境，苏联模式失败的深刻教训让我们不得不慎重对待这个问题，这不仅是重大理论问题，也是重大现实问题，关系到中国道路的前途命运。一方面，它决定着新哲学思想是否继承了马克思主义哲学的科学性和真理性，关乎能否指导实践继续取得胜利；另一方面，它决定着新哲学思想是否具有马克思主义的阶级立场和价值导向，这关乎中国道路的社会主义本色。而对于这个问题的破解离不开中国特色社会主义实践这把钥匙。在中国特色社会主义实践的语境中，坚持与发展马克思主义哲学是同一个历史进程的两个方面，中国特色社会主义实践是在马克思主义哲学基础上进行的探索性实践创新，而中国特色社会主义实践积累的丰富材料又不断为发展马克思主义哲学提供现实素材，推动马克思主义哲学中国化的进程。坚持中国特色社会主义实践就是要在坚持马克思主义哲学基本精神和方法论的基础上，推动马克思主义哲学的与时俱进，即在中国特色社会主义实践的基础上实现马克思主义哲学中国化的"返本"与"开新"相统一，这就兼顾了新理论的真理性与价值导向。因此，坚持与发展马克思主义哲学是可以同向而行、相互促进的，通过与中国特色社会主义实践的循环互动，最终统一于对中国道路的探索开辟中，共同为中华民族的伟大复兴提供理论支撑、贡献思想资源。

（二）通过发展中国马克思主义哲学的世界向度提升中国道路的世界话语权和影响力

首先，中国马克思主义哲学需要发展世界向度。从中国马克思主

论中国特色社会主义实践和马克思主义哲学中国化

义哲学世界向度的内涵看,一方面,中国马克思主义哲学作为中国特色社会主义实践的理论生成,根植于中国历史文化,彰显出中国特色;另一方面,全球化背景下的中国特色社会主义实践,使得中国马克思主义哲学必然兼具中国化与全球化的双重内涵。因此,中国马克思主义哲学的世界向度是马克思主义哲学中国化与全球化背景下中国特色社会主义实践的有机统一,中国特色社会主义实践的不断开拓和探索为中国马克思主义哲学的创新与发展提供了现实基础,也为其与全球化实践的相互推进创造了现实路径,邓小平同志指出:"关起门来搞建设是不能成功的,中国的发展离不开世界。"[①] 不仅实践如此,理论同样如此,21世纪中国马克思主义哲学创新离不开世界向度的探索。其次,中国马克思主义哲学能够发展出世界向度。中国特色社会主义实践发展的世界图景证明了中国马克思主义哲学具有世界价值,中国模式取得的巨大成就为中国马克思主义哲学在国际舞台传播提供了价值正当性论证,主要体现在,一方面中国特色社会主义实践开辟的中国模式具有世界意义,破除了西方中心主义神话,摆脱了对资本主义现代化的路径依赖,开创了人类社会多元发展新格局;另一方面,中国特色社会主义实践的成功也彰显了马克思主义作为科学理论体系的世界意义,进言之,中国特色社会主义实践的发展不仅能推动马克思主义哲学在中国创新,也必然将中国马克思主义哲学推向世界,增强中国道路在当今世界的影响力和话语权,尤其当前世界"逆全球化"浪潮甚嚣尘上,究其根源是"旧"的全球化规则和体制造成的,是人类缺乏战略互信和价值共识导致的。在人类已经进入"新"全球化的时代,必须重新反思基于"西方中心主义"建立的世界格局。因此,只有变革全球治理体系,才能破解全球化进程中遭遇到的问题,推动社会历史的发展,使人类共享全球化的成果。对此,我们要以习近平人类命运共同体思想为指引,通过中国特色社会主义

[①] 《邓小平文选》(第3卷),人民出版社1993年版。

实践的国际延伸去建构新型世界治理体系，积极构建新全球化时代的战略互信与价值共识。

（三）在中国特色社会主义实践和中国马克思主义哲学的互动中推动制度创新

一部人类社会发展进步史，就是人类以思想把握现实并以制度的形式将观念转化为实体性存在的制度创新史。思想进步完全凝结为制度的创新。按照唯物史观的理解，制度本质上体现的正是人的本质力量和创造性，表征的是生产力与生产关系互动及变革，追求的是社会的和谐以及人的自由和全面发展。而在新时代中国特色社会主义实践进程中，传统的依赖于道德教化和内在自律的"教条式思维"依然禁锢着人们的思想，而以条规形式确立的制度尚未完全发挥积极作用。与此同时，我们面临着制度不够健全与既有的制度得不到严格实行和贯彻的双重问题。马克思指出："一切已死的先辈们的传统，像梦魇一样纠缠着活人的头脑。"① 对于贯穿从传统社会向现代社会变迁过程的中国特色社会主义实践来说，需要我们结合中国实际并积极借鉴世界先进制度文明成果，将中国特色社会主义实践所积累的经验上升为制度，从而实现人的自由全面发展。

（四）以马克思主义哲学为指导，以中国特色社会主义实践为手段，在经济全球化时代科学驾驭资本逻辑，有效管控资本之"恶"

资本的问题是伴随着全球化而铺展开的世界性问题，已不单是资本主义社会的问题，在一定意义上，资本就是现代社会的符号，可以说，今天我们依然生活在马克思《资本论》所描述的资本时代。社会主义市场经济的建立，意味着中国也步入资本的逻辑之中。在资本主义经济全球化的意识形态叙事中实现资本效用最大化具有先天的

---

① 《马克思恩格斯选集》第1卷，人民出版社2006年版。

价值正确性，一切都应为资本的增值服务，然而社会主义的价值导向要求我们在实践中应正确引导和限制资本追求利润最大化的趋向，而使之服务于中国特色社会主义现代化建设。马克思指出："资本的本质并不在于积累起来的劳动是替活劳动充当进行新生产的手段。它的实质在于活劳动是替积累起来的劳动充当保存并增加其交换价值的手段。"① 资本也可以为社会主义服务。唯物史观认为决定资本性质的是其背后的所有制关系，这就在客观上要求在中国特色社会主义实践中必须区分资本主义所有制形式主导下的资本逻辑和社会主义生产方式主导下的资本逻辑，并找到驾驭资本逻辑的根本路径，以推动社会主义市场经济的健康发展，满足人民对美好生活的向往，否则中国道路的合法性就会遭遇挑战。

（五）继续强调并坚持摸着石头过河

有些人认为，改革开放已进入新时代，不能再像以往那样强调摸着石头过河，这种看法是值得商榷的。强调摸着石头过河并不意味着忽视顶层设计的重要性，两者是辩证的、互相促进的关系。摸着石头过河指的是改革实践经验的重要意义，在实践中人们时时刻刻都在面对新的状况、新的问题，这就需要不断地去"摸"，通过"摸"的过程加深对问题的感性认识，从而为顶层设计奠定坚实基础，如果不"摸"着石头前进，只是坐而论道，那么改革的脚步势必被延缓；再者，只有在科学的顶层设计的指导下，摸着石头过河才具备现实可行性，没有顶层设计的统领盲目地摸石头过河是不会成功的。正如习近平总书记指出："我国改革开放就是这样走过来的，是先试验、后总结、再推广不断积累的过程，是从农村到城市、从沿海到内地、从局部到整体不断深化的过程。"② 当这一点在经济特区的创办上体现得最为显著，可以说经济特区的巨大成功就是摸着石头过河与顶层设计

---

① 《马克思恩格斯选集》第 1 卷，人民出版社 2012 年版。
② 《习近平关于全面深化改革论述摘编》，中央文献出版社 2014 年版。

良性互动的典范，从这个意义上说，"创办经济特区是我国改革开放的重要方法论"。今天，在新时代中国特色社会主义实践中仍需继续发扬这套方法论，并赋予新的时代内涵。这就是要求我们应当做好对全面深化改革这一系统工程的顶层设计，研究各项改革举措之间的系统性、关联性、可行性；同时也需要大胆探索，摸着石头过河，这两者非但不矛盾，反而是相得益彰的。总之摸着石头过河是符合马克思主义认识论和方法论的，也是实现中国道路不断向前迈进的重要法宝。

（六）通过以中国特色社会主义实践为基础的理论创新增强道路自信

道路自信既是理论热点问题也是重大现实问题，从精神实质上讲，道路自信内在包含理论自信和实践成功，实践成功是现实基础，理论自信是思想前提，而理论自信的根源是成功实践基础上进行的理论创新。具体来说，一方面，中国特色社会主义实践是理论创新与发展的现实基础，是实现理论自信的必由之路。从根本上来讲，中国马克思主义哲学的理论自信源于中国迅速增强的经济实力与物质基础，这种理论自信的生成伴随着中国特色社会主义实践的极大成功而来。创新与发展21世纪中国马克思主义哲学，必须立足中国发展的实践，关照中国特色社会主义实践发展中的问题，有效应对和解答时代提出的严峻课题。因而，发展21世纪中国马克思主义哲学必然要求坚持中国特色社会主义实践。另一方面，中国马克思主义哲学是中国特色社会主义实践的理论概括与总结提升，是道路自信的内在需求，因此，需要我们在成功实践基础上的理论创新中获得理论自信，进而实现道路自信。与此同时，道路自信又能反过来帮助我们坚定理论自信，从而进一步指导中国特色社会主义实践取得新的、更大的成功。中国特色社会主义实践的继续推进要坚持以21世纪中国马克思主义哲学为指导。可见道路自信、理论自信和实践的成功三者之间具有一定的内在传导关系，是内在统一，互为前提、互相推进的。

作者：
李永胜（西安交通大学马克思主义学院教授）
李威威（西安交通大学马克思主义学院博士生）

新时代坚持和发展中国特色
社会主义的哲学底蕴

温小勇　甘　玲

"中国特色社会主义是改革开放以来党的全部理论和实践的主题。"① 新时代，进行伟大斗争，建设伟大工程，推进伟大事业，实现伟大梦想，"必须从理论和实践结合上系统回答新时代坚持和发展什么样的中国特色社会主义、怎样坚持和发展中国特色社会主义"②。与之相关联，围绕这个重大时代课题，必须在思想上澄清怎么看、怎么办、依靠什么、为了什么的问题，在理论上也可以概括为必要性、可行性、主体性、目的性的问题，上升到哲学层面，则要从认识论基础、方法论来源、本体论依据、价值论遵循层面作出剖析。

一　新时代坚持和发展中国特色
社会主义的认识论基础

首先，新时代坚持中国特色社会主义就是坚持真理。中国特色社会主义是在探索中前进的，以"摸着石头过河"的实践去丰富理论、

---

① 习近平：《决胜全面建成小康社会　夺取新时代中国特色社会主义伟大胜利——在中国共产党第十九次全国代表大会上的报告（2017年10月18日）》，人民出版社2017年版，第16页。
② 同上书，第18页。

接近真理。这一过程本身就体现了对辩证唯物主义认识论法则的遵循。该法则表明，一切真理性认识的共性在于，"把个别的东西从个别性提高到特殊性，然后再从特殊性提高到普遍性"；"从有限中找到和确定无限，从暂时中找到和确定永久"①。从"窗口""试验田""排头兵"到全方位、多层次、宽领域对外开放格局，再到开启全面建设社会主义现代化国家新征程，中国特色社会主义一路走向纵深，也在一路见证着辩证唯物主义认识论的伟力。而且，在充分尊重和发挥人的首创精神中，形成了基本理论、基本路线、基本纲领、基本经验等规律性认识。中国特色社会主义真理性认识、规律性认识不是自发形成的，"是党和人民历尽千辛万苦、付出巨大代价取得的根本成就"②。其中包含着勇于探索创新的胆识、勤于艰苦奋斗的努力和善于总结提炼的智慧，当然也包含着对内政外交的综合平衡、对国际局势的通盘把握以及对发展目标的科学设定。正因如此，全党上下要自觉坚定内在自信，既不走封闭僵化的老路，也不走改旗易帜的邪路，在道路问题上保持高度政治定力，这是对我们40年来实践探索的根本性成就的尊重，更是对真理绝对性的尊重，必须坚如磐石不能动摇。

其次，新时代发展中国特色社会主义就是发展真理。坚持真理需要定力，但并不等于停滞、固化。恩格斯指出："我们可以通过新的发现为规律提供新的证据，赋予新的更丰富的内容。"③这就说明，真理性认识、规律性认识具有绝对性的同时也具有相对性的特征，"它随着知识的增加时而扩张、时而缩小"④。这就需要我们在坚持真理的同时要根据"新的发现"和"知识的增加"来充实和丰富真理的内涵，切合并指导实践活动。中国特色社会主义在推进中时时刻刻

---

① 《马克思恩格斯文集》（第9卷），人民出版社2009年版，第498页。
② 习近平：《决胜全面建成小康社会　夺取新时代中国特色社会主义伟大胜利——在中国共产党第十九次全国代表大会上的报告（2017年10月18日）》，人民出版社2017年版，第16页。
③ 《马克思恩格斯文集》（第9卷），人民出版社2009年版，第489页。
④ 《列宁选集》（第2卷），人民出版社2012年版，第95页。

都在发生着变化，经济发展成绩显著、政治发展道路逐步定型成熟、人民生活水平日益提高、文化自信不断增强、生态文明水平持续提升，所有这些都内蕴着日积月累的细微变化。将这些"细微变化"汇聚起来加以系统性地分析综合，就成了"新的发现"；将这些"细微变化"凝练起来加以科学性地归纳总结，就是一个"知识的增加"过程。新时代，中国社会的主要矛盾已经发生转化，势必给党和国家工作提出许多新要求，只有经过深入了解、认真研判才能以"新的知识"着力解决好新的问题。新时代，尽管中国的基本国情和国际地位依然没有变，但社会主义初级阶段的表现形态和具体特征发生了巨大变化，中国的综合国力和国际影响力也实现了历史性跨越。习近平指出："坚持马克思主义，坚持社会主义，一定要有发展的观点。"[①] 针对这一系列变化，中国共产党作出了中国特色社会主义进入了新时代的重大判断，不仅明晰了中国发展新的历史方位，而且赋予了中国特色社会主义"新的更丰富的内容"，发展了理论，贴合了实际，实现了对真理相对性的自觉认识。

最后，新时代坚持和发展中国特色社会主义体现了绝对真理和相对真理的辩证统一。中国特色社会主义是经过努力开创、艰辛探索、深刻总结并被实践检验了的真理性认识，没有理由不去坚持；中国特色社会主义的生命力和活力就在于坚持解放思想、实事求是、与时俱进、求真务实的思想路线，必须根据实践来丰富和发展。并且，党的十九大报告从总任务、总体布局、总目标等八个方面明确了指导思想，从怎么看的视角旗帜鲜明地回答了新时代坚持和发展什么样的中国特色社会主义的问题。"八个明确"既凸显了道路的坚定性也表明了改革的自觉性，既体现了在坚持中发展和在发展中坚持的辩证统一，也体现了绝对真理和相对真理的辩证统一，展示了中国共产党人面向新时代的自信风貌和哲学自觉。

---

① 习近平：《关于坚持和发展中国特色社会主义的几个问题》，《求是》2019年第7期。

二　新时代坚持和发展中国特色社会主义的方法论来源

"辩证唯物主义是中国共产党人的世界观和方法论。"[①] 针对新时代怎样坚持和发展中国特色社会主义的问题，党的十九大报告从怎么办的视角提出了"十四个坚持"的行动纲领，其中饱含着的辩证唯物主义的方法论原则为新时代坚持和发展中国特色社会主义提供了内在动力、持续韧劲和果敢勇气。

首先，坚持和发展中国特色社会主义的内在动力来源于对立统一规律的认识和应用。辩证唯物主义认为，"某种对立的两极，例如正和负，既是彼此对立的，又是彼此不可分离的，而且不管它们如何对立，它们总是互相渗透的；……在此时或此地是结果，在彼时或彼地就成了原因，反之亦然"[②]。"辩证的思维，不过是在自然界中到处发生作用的、对立中的运动的反映"[③]。可见，对立统一规律不仅揭示了事物永恒发展的内在动力，而且也以辩证思维为我们提供了改造世界的根本方法。既然"对立中的运动"在"到处发生作用"，那么在新时代，这种运动只能是发展的，而不能是停滞的甚至是倒退的。因而，在坚持和发展中国特色社会主义进程中，"发展是解决我国一切问题的基础和关键"[④]。在理念上，坚持以创新发展为第一动力、以协调发展为内在要求、以绿色发展为必要条件、以开放发展为必由之路、以共享发展为本质要求的新发展理念，着力推动建设现代化经济

---

① 习近平：《辩证唯物主义是中国共产党人的世界观和方法论》，《求是》2019 年第 1 期。
② 《马克思恩格斯文集》（第 9 卷），人民出版社 2009 年版，第 25 页。
③ 同上书，第 470 页。
④ 习近平：《决胜全面建成小康社会　夺取新时代中国特色社会主义伟大胜利——在中国共产党第十九次全国代表大会上的报告（2017 年 10 月 18 日）》，人民出版社 2017 年版，第 21 页。

体系。在方式上，坚持科学发展，以供给侧结构性改革为主线，推进增长动能转换，提高全要素生产率，推动高质量发展；同时，必须树立和践行绿水青山就是金山银山的理念，促进人与自然和谐共生。在目标上，要通过发展解决已经转化了的主要矛盾，在更高层次、更高水平、更高质量上满足人民日益增长的美好生活需要。发展理念、发展方式、发展目标并不是孤立存在、单打独斗的，而是统一于坚持以人民为中心的旨归上，统一于新时代坚持和发展中国特色社会主义的发展实践中。

其次，坚持和发展中国特色社会主义的持续韧劲来源于质量互变规律的认识和应用。恩格斯指出，在自然界，质的变化"只有通过物质或运动（所谓能）的量的增加或减少才能发生。……没有物质或运动的增加或减少，即没有有关物体的量的变化，是不可能改变这个物体的质的"[1]。在社会领域，同时存在"无数关于量变改变事物的质和质变同样也改变事物的量的情况"[2]。马克思在剖析相对剩余价值的生产中就明确指出，资本主义初期的工场手工业就生产方式本身来说，同封建行会手工业除了量上的区别之外几乎没有什么区别。但是，随着工人有计划地劳动协同程度的提高以及共同使用的生产资料规模的扩大，形成了"由于许多力量融合为一个总的力量而产生的新力量"[3]，资本主义剥削的秘密就隐藏在这个由量变到质变的过程之中。经典作家关于质量互变规律的论述和应用为我们夺取新时代中国特色社会主义伟大胜利提供了重要的方法论启示。新时代是一个前所未有接近伟大梦想的时代，许多人难免产生急于求成的心理。与之相对，党中央却非常冷静地作出了有条不紊推进伟大事业的一系列战略部署，将夺取伟大胜利融汇于带领亿万人民不懈奋斗的历史进程中，融汇于从量变到质变的水到渠成的飞跃和变革进程中。开启全面建设

---

[1] 《马克思恩格斯文集》（第9卷），人民出版社2009年版，第464页。
[2] 同上书，第133页。
[3] 《马克思恩格斯文集》（第5卷），人民出版社2009年版，第379页。

新时代坚持和发展中国特色社会主义的哲学底蕴

现代化强国新征程,改革发展稳定的任务千头万绪,既需要发挥主观能动性去尽力而为,也需要尊重客观规律性来量力而行。习近平总书记指出:"抓任何工作,都要有这种久久为功、利在长远的耐心和耐力。"具体包括,推进更高起点的改革,要善于总结经验,再接再厉,久久为功;推进"一带一路"建设,要找准突破口,步步为营、久久为功;推进生态文明建设,要一代接着一代干,久久为功。特别是针对人民群众最关心最直接最现实的民生问题,习近平总书记指出,"保障和改善民生是一项长期工作,没有终点站,只有连续不断的新起点"①,因此更需要"一件事情接着一件事情办,一年接着一年干"②。这些重要论述体现了扎扎实实稳步前进的作风和状态,也为夺取伟大胜利的质变趋势逐步积累量变优势。

最后,坚持和发展中国特色社会主义的果敢勇气来源于否定之否定规律的认识和应用。否定之否定规律同对立统一规律、质量互变规律共同构成了唯物辩证法的基本规律。列宁指出:"辩证法的特征和本质的东西不是单纯的否定,不是徒然的否定,不是怀疑的否定、动摇、疑惑……而是作为联系的环节、作为发展的环节的否定。"③ 马克思发现,资本主义私有制是建立在对个人私有制的否定基础上的,但资本主义生产的内在规律又使资本的垄断成为"在这种垄断之下繁荣起来的生产方式的桎梏"。"从资本主义生产方式产生的资本主义占有方式,从而资本主义的私有制,是对个人的、以自己劳动为基础的私有制的第一个否定。但资本主义生产由于自然过程的必然性,造成了对自身的否定。这是否定的否定。"④ 基于此,恩格斯指

---

① 《十八大以来重要文献选编》(上),中央文献出版社2014年版,第462页。
② 习近平:《决胜全面建成小康社会 夺取新时代中国特色社会主义伟大胜利——在中国共产党第十九次全国代表大会上的报告(2017年10月18日)》,人民出版社2017年版,第45页。
③ 《论辩证唯物主义和历史唯物主义》,人民出版社2009年版,第141页。
④ 《马克思恩格斯文集》(第5卷),人民出版社2009年版,第874页。

出，如果不依靠否定之否定，马克思"就无法证明社会革命的必然性"①。否定之否定规律揭示了事物发展在保持前进的、上升的总趋势之下，具有曲折性、反复性的特征，为我们新时代进行伟大斗争提供了方法论来源。满足人民日益增长的美好生活需要，就要克服那些导致发展不平衡不充分的制约因素；坚持全面深化改革，就要冲破各种障碍和弊端，勇于突破利益固化的藩篱；推动文化繁荣兴盛，就要在意识形态领域敢抓敢管、敢于亮剑，牢牢掌握意识形态工作领导权；坚持和完善党的领导，就必须以坚如磐石的决心夺取反腐败斗争压倒性胜利。推进伟大事业、进行伟大斗争，既要雷厉风行，又要久久为功，既要在前进性上保持自信和乐观，又要在曲折性上保持谨慎和清醒。

三 新时代坚持和发展中国特色社会主义的本体论依据

本体论展现了哲学的使命——从纷繁杂多的现象世界中抽象出其本原或"终极存在"。马克思强调："哲学家们只是用不同的方式解释世界，问题在于改变世界。"② 马克思主义哲学不仅要去解释和探寻世界的本原，而且其更重要的使命是从实践出发去获得真理、改造世界，由此形成了有别于"从前的一切唯物主义"的实践本体论。

首先，马克思主义实践本体论理顺了新时代坚持和发展中国特色社会主义进程中人与自然的关系。马克思主义哲学视阈中的自然包括了原始自然和人化自然。马克思认为，只有成为人类实践活动对象的自然才是对人类社会发展有意义的自然。"当然，在这种情

---

① 《马克思恩格斯文集》（第9卷），人民出版社2009年版，第137页。
② 《马克思恩格斯文集》（第1卷），人民出版社2009年版，第502页。

况下，外部自然界的优先地位仍然会保持着。"① 如何让具有"优先地位"的自然成为人的实践对象、服务于人类社会的发展呢？起决定作用的是劳动。"劳动首先是人和自然之间的过程，是人以自身的活动来中介、调整和控制人和自然之间的物质变换的过程。"② 可见，马克思在承认自然具有"优先地位"的同时，又强调通过劳动让自然变得对人有意义。习近平总书记强调，"我们要建设的现代化是人与自然和谐共生的现代化"③。这一方面表明新时代坚持和发展中国特色社会主义要通过创造性劳动开发和利用自然，以物质财富的充裕和精神财富的丰实来满足人民日益增长的美好生活需要；另一方面也要求我们以尊重自然作为首要态度，以顺应自然作为基本原则，以保护自然作为重要责任，建设美丽中国，打造中华民族永续发展的千年大计。

其次，马克思主义实践本体论解析了新时代坚持和发展中国特色社会主义进程中人与自我的关系。马克思主义哲学关注人与自然的关系，归根结底是为了关照现实世界的人。马克思表明："说到生产，总是指在一定社会发展阶段上的生产——社会个人的生产。"④ 可见，马克思主义实践本体论所探寻的世界本原或"终极存在"不是形而上学的抽象和玄思，而是从人的具体的生产性实践视角落实到人的自我存在方式和存在价值。新时代坚持和发展中国特色社会主义不能脱离当前的社会发展阶段而好高骛远。习近平总书记指出："强调总依据，是因为社会主义初级阶段是当代中国的最大国情、最大实际。"⑤ 可以说，新时代进行伟大斗争是针对坚持和发展中国特色社会主义进

---

① 《马克思恩格斯文集》（第1卷），人民出版社2009年版，第529页。
② 《马克思恩格斯文集》（第5卷），人民出版社2009年版，第207—208页。
③ 习近平：《决胜全面建成小康社会 夺取新时代中国特色社会主义伟大胜利——在中国共产党第十九次全国代表大会上的报告（2017年10月18日）》，人民出版社2017年版，第50页。
④ 《马克思恩格斯文集》（第8卷），人民出版社2009年版，第6页。
⑤ 习近平：《习近平谈治国理政》，外文出版社2014年版，第10页。

程中的许多矛盾、阻力、风险和挑战而言的,其中就包含着脱离实际超越阶段而妄自尊大的错误观念和政策措施,即同自我的认识和观念也要进行伟大斗争。同时,发展也不能忽视人的根本需求来追求单纯的经济指标。"必须明确经济发展不是最终目的,以人为中心的社会发展才是终极目标。首先,发展不能脱离'人'这个根本。"① 夺取伟大胜利、实现伟大梦想,没有经济增长的一定指标是不行的,但要始终摆正发展方式与终极目标之间的关系,也即摆正在坚持和发展中国特色社会主义进程中人与自我的关系。

最后,马克思主义实践本体论充实了新时代坚持和发展中国特色社会主义进程中客观与主观的关系。马克思指出:"如果事物的表现形式和事物的本质会直接合而为一,一切科学就都成为多余的了。"② 科学的发展有助于逐步明晰现象与本质、客观与主观之间的界限,同时有助于设计某种中介来搭建起由现象深入本质、客观发展趋向与主观目的的纽带和联系,这一过程也即实践的过程。"在社会存在中现象和本质的关系由于它同实践不可分离的联系而呈现出新的特征和规定性。"③ 可见,人的能动性实践不仅可以"解释世界",还可以作用于客观世界,使其产生合乎人的目的的改变。习近平指出:"要充分调动广大干部积极性,不断提升工作精气神。干部干部,干是当头的,既要想干愿干积极干,又要能干会干善于干,其中积极性又是首要的。"④ "精气神"是主观的状态和意愿,这种状态和意愿充足了、强烈了,推进伟大事业的能动性就愈加充足和强烈。但是,只有能动性,在实践中却缺乏探索的勇气、科学的路径和创新的方法,不仅达

---

① 习近平:《干在实处 走在前列——推进浙江新发展的思考与实践》,中共中央党校出版社 2006 年版,第 23 页。
② 马克思:《资本论》(第 3 卷),人民出版社 2004 年版,第 925 页。
③ [匈] G. 卢卡奇:《关于社会存在的本体论》(上卷),重庆出版社 1993 年版,第 615 页。
④ 中共中央文献研究室:《习近平关于全面建成小康社会论述摘编》,中央文献出版社 2016 年版,第 209 页。

不到主观努力与客观效果的统一，而且可能适得其反南辕北辙。马克思主义实践本体论弥合了可能出现的主观与客观间的裂隙，让我们在新时代坚持和发展中国特色社会主义进程中实现"想干愿干积极干"和"能干会干善于干"的协调和统一。

四　新时代坚持和发展中国特色社会主义的价值论遵循

价值论关注的是客体对于作为主体的人的意义和作用如何的问题，诸如人的存在、人的认识以及人的劳动对人有何意义等。马克思主义从现实的人出发，突出强调人的劳动在价值创造和形成中的决定作用，提出"劳动是唯一的'价值源泉'"，而"无论工资还是利润都不是价值源泉"[①]。新时代坚持和发展中国特色社会主义归根结底是要回答"为了什么"的问题，亦即是人的本质的对象化显现还是"合乎人性的人的复归"的问题。

首先，马克思主义劳动价值论为新时代坚持中国特色社会主义提供了根本遵循。马克思指出，一定历史时代的生产有某些"共同标志"和"共同规定"，缺乏对"生产一般"的抽象，也就无法找到"本质的差别"。"没有过去的、积累的劳动，哪怕这种劳动不过是由于反复操作而积聚在野蛮人手上的技巧，任何生产都不可能。"[②] 中国特色社会主义是在近 40 年的接续奋斗中进入新时代的，从基本思路和基本原则的确定到精彩篇章的书写，以持久之功恒久之力写就了这篇"大文章"。习近平总书记指出，这些巨大成就"是它得以站得住、行得远的重要基础"[③]。因此，新时代坚持中国特色社会主义不

[①]　《马克思恩格斯全集》（第 33 卷），人民出版社 2004 年版，第 76 页。
[②]　《马克思恩格斯文集》（第 8 卷），人民出版社 2009 年版，第 9 页。
[③]　习近平：《关于坚持和发展中国特色社会主义的几个问题》，《求是》2019 年第 7 期。

仅符合认识的递进过程,更符合一般社会生产的共性法则。反之,如果我们放弃这些"积累的劳动"所形成的"重要基础",而去开辟一条所谓的新道路,那就是对历史的"恶意篡改"、对现实的缺乏尊重和对未来的不负责任。

其次,马克思主义劳动价值论为新时代发展中国特色社会主义提供了根本遵循。马克思指出,劳动"作为有用劳动,是不以一切社会形式为转移的人类生存条件,是人和自然之间的物质变换即人类生活得以实现的永恒的自然必然性"①。可见,劳动实现了双重的转变和发展,一方面转变了人自身并发展了人的潜在力量来支配和利用自然;另一方面转变了自然并将自然对象和自然力量发展为有益于人的目的的劳动工具、劳动对象、原料等。但不论是人的潜在力量的发展还是自然对象和自然力量的发展都不会是一帆风顺、一成不变的,而是在直面问题和解决问题中发展的。中国特色社会主义越是向前推进,风险和挑战会越多,不可预料的事情也会越多,这就需要我们以正在做的事情为中心,着眼于新的实践和新的发展,敢于和善于直面和回答新时代不断涌现的新问题,并发挥历史的主动性和创造性,巩固基础,增强底气,坚持用发展的办法解决前进中的问题。

再次,马克思主义劳动价值论为新时代坚持和发展中国特色社会主义指明了根本方向。马克思指出,能够说服人并能掌握群众的理论必须彻底。"所谓彻底,就是抓住事物的根本。而人的根本就是人本身。"②然而,资本主义的生产方式让劳动这种生命活动和生产活动"仅仅表现为生活的手段",这种异化劳动把人"自己的本质变成仅仅维持自己生存的手段"③。而只有实现共产主义才可以实现对"人的自我异化的积极的扬弃,因而是通过人并且为了人而对人的本质的

---

① 马克思:《资本论》(第1卷),人民出版社2004年版,第56页。
② 《马克思恩格斯文集》(第1卷),人民出版社2009年版,第11页。
③ 同上书,第162页。

真正占有"①。那时，人也就不需要"在他所创造的世界中直观自身"，而是"向社会的即合乎人性的人的复归"。马克思主义关于社会发展的人本转向为新时代坚持和发展中国特色社会主义指明了根本方向。一方面，只有坚持和发展中国特色社会主义才能实现社会生产力的充分发展和高度发达，从而为实现共产主义理想提供基础和条件；另一方面，只有坚持和发展中国特色社会主义才能最终消除劳动的异化，实现社会生产为了人本身的崇高目标。习近平总书记指出，"中国特色社会主义是党的最高纲领和基本纲领的统一"②。新时代，我们要自觉把践行共同理想和坚定远大理想统一起来，抵制诱惑，保持定力，坚持以人民为中心的发展，做实做好做强坚持和发展中国特色社会主义这篇大文章。

作者：
温小勇（法学博士，河北科技大学马克思主义学院副教授）
甘玲（法学硕士，河北科技大学马克思主义学院教授）

---

① 《马克思恩格斯文集》（第1卷），人民出版社2009年版，第185页。
② 习近平：《关于坚持和发展中国特色社会主义的几个问题》，《求是》2019年第7期。

思想政治教育理论与实践

新中国 70 年高校思想政治理论课建设与发展*

张　梅　魏志杰

一　改革开放前思想政治理论课教育教学历史嬗变

受美苏争霸等特殊历史环境影响，改革开放前的很长一段时期内，我国思想政治理论课的教育教学目标都定位于帮助学生树立马克思主义世界观和建立革命人生观上，此时思想政治理论课发展集中于课程体系建设，课程设置调整较大，总体呈三个发展阶段。

（一）初建时期（1949—1955 年）

新中国成立后，党中央根据新民主主义建设和巩固社会主义政权的需要，在总结了革命老区建设革命型大学等斗争经验基础上，借鉴苏联高等教育模式，创建了新中国的思想政治理论课。

新中国成立之初，本着"逐步地建立革命的人生观"的目标，"废除政治上的反动课程，开设新民主主义的革命的课程"，党中央对全国高校思想政治理论课进行了改革，对课程设置做出调整。1952

---

* 本文系全国"十三五"规划 2018 年度单位资助教育部规划课题"提升高校思想政治教育亲和力与针对性研究"（项目批准号：FEB180520）的研究成果。

年10月，教育部颁布了《关于全国高等学校马克思列宁主义、毛泽东思想课程的指示》，取消了训导制度和国民党时期"党义""军事训练"等课程，设置以"社会发展史""新民主主义论""政治经济学"为主的马克思列宁主义的思想政治理论课。1953年，为了深入贯彻过渡时期总路线，完成向社会主义的过渡，同时使高校青年学生深入地理解中国革命的基本历史、掌握社会主义建设的基本规律，将"新民主主义论"调整为"中国革命史"，此外还增设了"马列主义基础"。

（二）探索时期（1956—1966年）

1956年社会主义改造基本完成，社会主义制度建立，为社会主义建设事业培养优秀人才的现实需要对思想政治理论课建设提出了新的要求。1956年9月，教育部颁发了《关于高等学校政治理论课程的规定（试行方案）》，旨在适应新形势，对青年学生进行思想政治教育，为社会主义建设培养各类人才。新的方案对"54方案"规定的课程门数、课程学时和讲授次序进行了修改，明确指出"马列主义基础"和"中国革命史"为所有专业必修课，"政治经济学"和"辩证唯物主义与历史唯物主义"两门课为除某些特定专业外的必修课。至此，史称"旧四门"的高校思想政治理论课课程体系雏形基本建立。

随后受"大跃进"影响，1956年《关于高等学校政治理论课程的规定（试行方案）》关于思想政治理论课教育教学应走上正轨的设计未能实现。1957年2月，毛泽东在《关于正确处理人民内部矛盾的问题》的讲话明确指出"现在需要加强思想政治工作"和"要学会正确处理人民内部矛盾"，做出政治战线和思想战线需要进行社会主义革命斗争和社会主义教育的指示。1957年12月，中华人民共和国高等教育部、教育部出台了《关于在全国高等学校开设社会主义教育课程的指示》，规定在全国高等学校各个年级普遍开设社会主义教育课程，以毛泽东的《关于正确处理人民内部矛盾的问题》为教材，同时阅读一些必要的马克思列宁主义经典著作、党的文献和其他文件。故而 1957—1960 年，以学习毛泽东的《关于正确处理人民内部矛盾的问题》为主，辅之以马克思列宁主义经典著作和文献的社会主义教育课取代思想政治理论课，高校思想政治教育演变为政治化教育。20 世纪 60 年代，中苏关系恶化升级，受极端恶劣的国际环境影响，也为了提高学生反对修正主义的意识和能力，1961 年教育部下发了《关于改进高校思想政治理论课的指导意见》，明确思想政治理论课的教学任务在于：对青年学生进行理论与实践统一的马克思列宁主义教育，帮助学生理解马克思列宁主义、毛泽东著作，了解党的路线、方针、政策；不断同现代修正主义、资产阶级思想和其他反动思想的影响作斗争。《关于改进高校思想政治理论课的指导意见》决定文科专业统一学习"中共党史""马克思列宁主义基础""政治经济学""哲学"等课程，理工科专业学习"中共党史"和"马克思列宁主义概论"课程，开设"形势与任务"课程作为共同必修课，主要讲解国内外形势、党和国家的任务、方针、政策，史称"61 方案"。

（三）停滞时期（1966—1976 年）

1966 年 5 月，"文化大革命"爆发，高等院校的教育工作遭遇重大挫折，高校思想政治理论课课程建设陷入停滞状态。遵照毛泽东的使教育者在德育、智育、体育几个方面都得到发展，成为有社会主义觉悟的劳动者的教导，1966—1976 年的思想政治培养目标为："培养高举毛泽东思想伟大红旗，无限忠于毛主席、无限忠于毛泽东思想、无限忠于毛主席的革命路线的全心全意为社会主义革命和社会主义建设服务的有文化科学理论、又有实践经验的劳动者。"根据这一目标，普通高校设置以毛主席语录、毛主席著作和所谓革命大批判的文章、社论作为教材的思想政治理论课；实行教学、科研、生产三结合的业务课；以备战卫国为内容的军事体育课；文、理、工各科都要参加生产劳动。1971年4月全国教育工作会议召开，会议提出要在全国范围内进行教育革命，为无产阶级革命事业培养建设者和接班人。遗憾的是此次全国教育工作会议更多是强调"进行一次思想和政治路线方针的教育"，进一步确立毛泽东的无产阶级教育路线为教育目的，反对修正主义的教育路线。受严重的"左倾"思想影响，这一时期的思想政治教育工作的重心错误地放在反对修正主义上，而未能抓住社会主义建设的大好机遇，其后甚至被"四人帮"投机利用，沦为政治斗争的工具，以致难以发挥其对青年一代进行意识形态教育的重任，高校思想政治理论课教育教学建设发展亦陷入停滞阶段。

二 改革开放后思想政治理论课教育教学发展历程

1977年，"文化大革命"结束，高考制度恢复，高校思想政治理论课教育教学发展重新走上正轨，重回"61方案"的课程设置。1978年12月，党的十一届三中全会召开，党和国家重新确立了马克思主义实事求是的思想路线，将工作重心从"以阶级斗争为纲"转移到社会主义现代化建设上来。这一时期我国社会的主要矛盾是人民日益增长的物质文化需要同落后生产力之间的矛盾，因而思想政治理论课教育教学的任务和目标，即是以马克思主义武装学生头脑，对学生进行现代科学教育，培养助力社会主义现代化建设的各类优秀人才。这一阶段思想政治理论课课程设置随时代任务而不断调整，课程体系建设在改进中完善。

（一）拨乱反正时期（1978—1984年）

1978年4月，全国教育工作会议召开，教育部办公厅发布《关于加强高等学校马列主义理论教育的意见（全国教育工作会议征求意见稿）》（以下简称《意见》），《意见》肯定了新中国成立以来思想政治理论课教育教学取得的成绩，同时规划了思想政治理论课建设的新方向。在思想政治理论课教学任务方面，《意见》强调了思想政治理论课的主要任务，即"在于系统地对学生进行马克思主义三个组成部分的基本理论教育，武装学生的头脑"；在思想政治理论课课程设置方面，《意见》提出，全国高校的马列主义理论课程应开设"辩证唯物主义与历史唯物主义""政治经济学""中国共产党党史"三门课。另外，除该三门所有高等院校共同开设课程之外，理工农医专业还开设"自然辩证法"课程，文科院校开设"国际共产主义运动史"课程；《意见》还对每门课程的教学内容、新教材的编写、教学方法的改进、教师队伍的建设、领导体制等问题提出了指导性意见。

1982年10月，教育部发布了《关于在高等学校逐步开设共产主义品德课程的通知》，对共产主义品德课的教学实施、教学大纲及教学参考材料编写等问题作了详细规定。1984年9月，中宣部、教育部再次印发了《关于加强和改进高等院校马列主义理论教育的若干规定》（以下简称《规定》）。《规定》强调："马克思主义是我们党和国家的行动指南，是培养学生无产阶级世界观和共产主义道德的理论基础。把马列主义理论课作为必修课，是社会主义大学区别于资本主义大学的重要标志。"《规定》强调："为了增强马列主义理论教育的现实性，现在着手准备在全国高等院校增设'中国社会主义建设基本问题'课程。"《规定》还针对思想政治理论课教育教学的各个环节，诸如教学方法、教师队伍建设、教学管理等问题作了专门规定。与此同时，教育部还印发了《关于在高等学校开设共产主义思想品德课的若干规定》，提出应在高校增开共产主义思想品德课，以对学生进行系统的马克思主义思想道德教育。自此，"马克思主义理论课"和"共产主义思想品德课"的"两课"初具雏形，思想政治教育学科、专业建设投入启动。

（二）走上正轨时期（1985—1995年）

改革开放使我国经济实力和综合国力大大提升，但是随之而来的是西方各种社会思潮也蜂拥而入，西方的价值观念和各种腐朽思想对我国大学教育造成严重冲击。为巩固社会主义制度，坚定社会主义理想，适应改革开放大环境，改进思想政治理论课，提高其实效，中共中央于1985年8月正式发布《关于改革学校思想品德和政治理论课程教学的通知》。该文件明确了新时期不同层次学校（从小学到研究生阶段）马克思主义思想品德和政治理论课教学的主要内容和基本要求。1986年3月，国家教委（今教育部）发布《关于在高等学校进一步贯彻〈中共中央关于改革学校思想品德和政治理论课教学的通知〉的意见》。明确了新的思想政治理论课程方案，即"中国革命史""中国社会主义建设""马克思主义原理""世界政治经济和国际关系"。随后，1986年7月《关于对高等学校学生深入进行形势与政策教育的通知》、1986年9月《关于在高等学校开设"法律基础课"的通知》、1987年10月《关于高等学校思想政治教育课程的意见》等系列文件的发布，使思想政治理论课逐渐成型，除一脉相承的马克思主义基础课外，又新规定了思想教育课程由法律基础、形势与政策、大学生思想修养、人生哲理、职业道德五部分课程组成。

1993年6月，国家教委思政司召开了"新形势下高校思想政治教育课程建设座谈会"。会议将"思想教育课"的名称改为"思想政治教育课程"，并提出要根据形势发展需要，对课程进行"改革"，将原有的"大学生思想修养"和"人生哲理"两门课合并调整为"思想道德修养"课，作为必修课，且第一次把思想政治教育课与马克思主义理论课并提，共同被称为高校思想政治教育的主渠道和主阵地。

1995年11月国家教委颁布了《中国普通高等院校德育大纲（试行）》。《中国普通高等院校德育大纲（试行）》规定马克思主义理论课程应包括："马克思主义基本原理""有中国特色社会主义建设""中国革命史论"；思想品德课应设置"思想道德修养""法律基础"和"形势与政策"。另外文科类专业应开设"世界政治经济与国际关系"。此前国家教委于1995年10月下发《关于高校马克思主义理论课和思想品德课教学改革的若干意见》，后来就把马克思主义理论课和思想品德课统称为"两课"。还对"两课"教学方法的改革、师资队伍建设、"两课"的科学研究和学科建设以及"两课"教学的领导与管理作出了详细规定，提出要把"两课"教学的状况作为评估学校工作和各级领导干部工作实绩的重要条件，作为学校办学水平和"211工程"评估的标准之一。"95方案"对思想品德课的建设起到了巨大的推动作用。

这一时期，形成了思想政治理论课教育教学历史上影响较大的"85方案"和对思想品德课推动较大的"95方案"。思想政治理论课课程体系基本成型；教学内容和教学方法也日益贴近改革开放环境下学生生活实际；思想政治教学学科建设正式启动，进入发展阶段。

（三）稳步发展时期（1998—2012年）

1998年6月，中共中央宣传部、教育部印发《关于普通高等学校"两课"课程设置的规定及其实施工作的意见》，在继承"85方案"的基础上，进一步调整了"两课"的课程设置，基于马克思主义学科的整体性和学生认识发展规律，将课程设置为：其一，马克思主义基本原理层面：马克思主义哲学原理、马克思主义政治经济学原理。其二，马克思主义中国化层面：毛泽东思想概论、邓小平理论概论。其三，基于马克思主义辩证分析法和具体实际相结合的思想品德课：思想道德修养、法律基础、形势与政策。

进入21世纪，"一超多强"的世界格局形成，和平发展成为时代主题，第三次科技革命的狂潮致使互联网在中国大地兴起，各种新鲜思想交汇杂糅。2001年7月，教育部《关于普通高等学校"两课"教育教学中贯彻江泽民同志"七一"重要讲话精神的通知》，提出要推进"三个代表"重要思想的"三进"工作。2003年2月，教育部《关于进一步深化"三个代表"重要思想"三进"工作的通知》，提出要将"三个代表"重要思想和各门课程结合,将"邓小平理论概论"调整为"邓小平理论和'三个代表'重要思想概论"。"98方案"是对"85方案"的继承和调整,此次调整,立足于改革开放深入推行的历史时期,课程调整的三个方面形成一个以马克思主义为核心的有机整体,体现了马克思主义理论课程之间一脉相承又与时俱进的逻辑关系;马克思主义理论和思想政治教育学科建设得到较大发展。

2004年10月,中共中央、国务院下发了《关于进一步加强和改进大学生思想政治教育的意见》,为适应新形势、新任务的要求,提高大学生的思想政治素质,促进大学生的全面发展,《意见》从九个方面就进一步加强和改进大学生思想政治教育提出意见,着重强调了深入开展社会实践,大力建设校园文化,主动占领网络思想政治教育新阵地,开展深入细致的思想政治工作、心理健康教育和努力解决大学生的实际问题,拓展新形势下大学生思想政治教育工作中的重要作用。2005年2月7日,中共中央宣传部、教育部印发了《〈中共中央宣传部 教育部关于进一步加强和改进高等学校思想政治理论课的意见〉实施方案》("05方案"),将"两课"改称为"思想政治理论课",课程设置包括了"马克思主义基本原理""毛泽东思想、邓小平理论和'三个代表'重要思想概论""中国近现代史纲要""思想道德修养与法律基础""形势与政策"和"当代世界经济与政治"(为选修课)。文件还就思想政治理论课教材编著、师资队伍培养、学科建设等多方面内容进行规定。2005年12月,《关于调整增设马克思主义理论一级学科及所属二级学科的通知》,实现了"05方案"中关于设立马克思主义理论一级学科的任务,思想政治理论课亦被纳入学科建设进程,有了学术上的依托。

随后教育部连续下发多部文件,针对"05方案"的落实,以及思想政治理论课教育教学的方方面面予以引导、支持:2006年1月《关于进一步加强高等学校思想政治理论课教材编写管理、规范教材使用的通知》、2006年4月《关于全国普通高校从2006级学生开始普遍开设〈思想道德修养与法律基础〉课的通知》、2007年4月《关于组织高校思想政治理论课骨干教师研修的意见》、2008年3月《关于重申高校思想政治理论课教材编写、出版、使用要求的通知》《关于做好"高校思想政治理论课教师在职攻读马克思主义理论博士学位"专项计划招生工作的通知》、2008年4月《关于增设"中国近代史基本问题研究"二级学科的通知》。在党和国家的高度重视下,思想政治理论课教育教学处于蓬勃发展时期。

2010年8月,中共中央宣传部、教育部下发《关于高等学校研究生思想政治理论课课程设置调整的意见》,加强针对高层次人才的马克思主义教育,促进高校在培养专业化尖端人才的同时,注意提升学生的责任感和使命感,树立中国特色社会主义接班人的意识与现代化强国建设者的担当。文件提出:第一,在硕士研究生阶段开设必修课"中国特色社会主义理论与实践研究",主要是在当代世界和当代中国背景下,分专题研究和介绍当前中国特色社会主义实践中的重大问题,深化和拓展本科阶段思想政治理论课的学习,进一步掌握中国特色社会主义理论体系,坚定中国特色社会主义信念。开设选修课"自然辩证法概论",以培养硕士生的创新精神和创新能力;"马克思主义与社会科学方法论",培养硕士生的理论思维能力,帮助硕士生掌握学习和研究哲学社会科学的科学方法。第二,在博士研究生阶段开设必修课"中国马克思主义与当代",主要运用当代中国马克思主义的基本观点,深入分析当代世界重大社会问题和国际经济政治热点问题、当代科学技术前沿问题和科技社会问题、当代重大社会思潮和理论热点等,帮助博士生进一步提高运用马克思主义立场观点方法分析和解决问题的能力。开设选修课"马克思主义经典著作选读",帮助博士生学习马克思主义基本原理,深化对当代中国马克思主义的理解和掌握。

2011年1月,教育部下发《关于印发〈高等学校思想政治理论课建设标准（暂行）〉的通知》，为进一步加强宏观指导，规范高校思想政治理论课的组织管理、教学管理、队伍管理和学科建设提供重要引导。2012年1月，教育部等多部门联合发布《关于进一步加强高校实践育人工作的若干意见》，重点强调高校思想政治工作应强化实践教学环节、深化实践教学方法改革。应增加实践教学比重，确保人文社会科学类本科专业不少于总学分（学时）的15%、理工农医类本科专业不少于25%、高职高专类专业不少于50%，师范类学生教育实践不少于一个学期，专业学位硕士研究生不少于半年；强调各高校要把加强实践教学方法改革作为专业建设的重要内容，重点推行基于问题、基于项目、基于案例的教学方法和学习方法，加强综合性实践科目设计和应用。要加强大学生创新创业教育，支持学生开展研究性学习、创新性实验、创业计划和创业模拟活动。

三 新时代高校思想政治理论课的创新发展

随着世界经济政治大调整大变革的不断深入，国际环境愈发复杂多变。国际关系中的不确定性和不稳定性持续增大。尤其是党的十八大以来，世界经济动能放缓，在新一轮科技革命和产业革命尚未实现重大突破的前提下，主要发达经济体经济增速已经达到甚至超越其潜在增长率，相对强劲增长率往往伴随通胀率的显著上升，贸易保护主义抬头，世界经济下行风险逐步加大。与此同时，随着中国政治经济体制改革的不断深入，产业结构调整、创新共享经济发展，伴随电商网络平台、自媒体等新型经济元素的注入，中国经济进入相对稳定的改革调节期，中国政治体制改革、法治建设、生态文明建设同时进入关键时期。党的十八大以来，中国特色社会主义进入新时代，党和国家对思想政治理论课教育教学的相关工作投入了极大关注，思想政治教育工作进入到创新发展的新时期。呈现出如下特征：第一，功能定位方面，巩固思想政治理论课从核心课程到关键课程的立德树人核心地位。第二，内容规划方面，推进习近平新时代中国特色社会主义思想"三进"工程，用马克思主义中国化的最新成果武装大学生头脑。第三，机制建设方面，建设"大中小"一体化思政课体系，构建各学科与思政课同向同行、协同发力的育人机制。第四，方法手段方面，推进互联网技术方法、实践教学手段与思想政治理论课融合。

（一）创新功能定位

中国特色社会主义进入新时代，适应中国日益走近世界舞台中央的新态势，关乎民族凝聚力的爱国主义教育、国家安全教育、意识形态教育等上升为高校育人工作的重点领域，思想政治理论课作为立德树人核心的新定位得到确立。2015年1月，中共中央办公厅、国务院办公厅发布了《关于进一步加强和改进新形势下高校宣传思想工作的意见》，分七个部分对高校思想政治教育宣传工作给予指导：第一，加强和改进高校宣传思想工作是一项重大而紧迫的战略任务；第二，指导思想、基本原则和主要任务；第三，切实推动中国特色社会主义理论体系进教材、进课堂、进头脑；第四，大力提高高校教师队伍思想政治素质；第五，不断壮大高校主流思想舆论；第六，着力加强高校宣传思想阵地管理；第七，切实加强党对高校宣传思想工作的领导。

2015年7月，中共中央宣传部、教育部出台了《普通高校思想政治理论课建设体系创新计划》，明确提出，思想政治理论课是巩固马克思主义在高校意识形态领域指导地位、坚持社会主义办学方向的重要阵地，是全面贯彻落实党的教育方针、培养中国特色社会主义事业合格建设者和可靠接班人、落实立德树人根本任务的主干渠道，是进行社会主义核心价值观教育、帮助大学生树立正确世界观人生观价值观的核心课程。2018年4月，教育部颁发《新时代高校思想政治理论课教学工作基本要求》，再次强调思想政治理论课承担着对大学生进行系统的马克思主义理论教育的任务，是巩固马克思主义在高校意识形态领域指导地位、坚持社会主义办学方向的重要阵地，是全面贯彻党的教育方针、落实立德树人根本任务的主干渠道和核心课程，是加强和改进高校思想政治工作、实现高等教育内涵式发展的灵魂课程。

2019年3月18日，学校思想政治理论课教师座谈会在北京召开，习近平总书记亲自主持召开了本次会议，会上习近平总书记强调了思想政治理论课是落实立德树人根本任务的关键课程，谈到了党中央对思政课的高度重视，还就"办好思想政治理论课关键在教师"提出了具体要求和殷切期待，重申各高校要继续推进思想政治理论课改革创新，增强其思想性、理论性、亲和力和针对性。此次会议极大鼓舞了广大思想政治理论课教师的学习热情和工作热情，着重体现了新时代党和国家对于思想政治理论课的高度重视，对思想政治理论课进一步改革发展具有重大推进作用。同年4月18日，教育部关于印发《普通高等学校思想政治理论课教师队伍培养规划（2019—2023年)》的通知，对习近平总书记座谈会讲话精神予以落实。同年8月14日，中共中央办公厅、国务院办公厅印发了《关于深化新时代学校思想政治理论课改革创新的若干意见》，再次重申思政课的重要意义，强调思政课是落实立德树人根本任务的关键课程，发挥着不可替代的作用。2019年9月2日，中共教育部党组关于印发《"新时代高校思想政治理论课创优行动"工作方案》的通知，要求充分发挥高校思政课落实立德树人根本任务关键课程作用，全面推动习近平新时代中国特色社会主义思想进教材、进课堂、进学生头脑，建设一支专职为主、专兼结合、数量充足、素质优良的思政课教师队伍，培育一批优质教学资源，打造一大批内容准确、思想深刻、形式活泼的优质示范课堂。

（二）创新内容规划

办好思政课，要放在世界百年未有之大变局、党和国家事业发展全局中来看待，要从坚持和发展中国特色社会主义、建设社会主义现代化强国、实现中华民族伟大复兴的高度来对待。因此，思想政治理论课内容的创新，必须贴近新时代中国马克思主义理论发展新实际，全面贯彻党的教育方针，坚持马克思主义指导地位，贯彻落实习近平新时代中国特色社会主义思想的"三进"工作。2015年1月19日中共中央办公厅、国务院办公厅印发《关于进一步加强和改进新形势下高校宣传思想工作的意见》，强调切实推动中国特色社会主义理论体系进教材、进课堂、进头脑，同年7月，中共中央宣传部、教育部关于印发《普通高校思想政治理论课建设体系创新计划》的通知，强调高校思想政治理论课建设体系创新计划，必须高举中国特色社会主义伟大旗帜，以马克思列宁主义、毛泽东思想、邓小平理论、"三个代表"重要思想、科学发展观为指导，深入贯彻落实党的十八大和十八届三中、四中全会精神，深入贯彻落实习近平总书记系列重要讲话精神，深入贯彻落实《关于进一步加强和改进新形势下高校宣传思想工作的意见》精神。

2016年12月7—8日，全国高校思想政治工作会议在北京举行。习近平总书记出席会议并发表重要讲话。习近平总书记强调，我们的高校是党领导下的高校，是中国特色社会主义高校。办好我们的高校，必须坚持以马克思主义为指导，全面贯彻党的教育方针。要坚持不懈传播马克思主义科学理论，抓好马克思主义理论教育，为学生一生成长奠定科学的思想基础。2017年2月，中共中央、国务院印发《关于加强和改进新形势下高校思想政治工作的意见》，指出要强化思想理论教育和价值引领。把理想信念教育放在首位，切实抓好马克思列宁主义、毛泽东思想学习教育，广泛开展中国特色社会主义理论体系学习教育，深入学习习近平总书记系列重要讲话精神，引导师生深刻领会党中央治国理政新理念新思想新战略，坚定中国特色社会主义道路自信、理论自信、制度自信、文化自信。

2017年9月，教育部印发《高等学校马克思主义学院建设标准

(2017年本)》，以"紧紧围绕坚持和发展中国特色社会主义这条主线，引导师生建设良好的政治文化，为巩固马克思主义在高校意识形态领域的指导地位发挥示范引领作用"，为马克思主义学院文化建设的标准做出明确要求。2018年4月，教育部为深入贯彻落实习近平新时代中国特色社会主义思想和党的十九大精神，进一步巩固马克思主义在高校意识形态领域的指导地位，坚持社会主义办学方向，全面贯彻党的教育方针，加强新时代高校思想政治理论课建设，全面推动习近平新时代中国特色社会主义思想进教材、进课堂、进学生头脑，培养担当民族复兴大任的时代新人，发布了《新时代高校思想政治理论课教学工作基本要求》。

（三）创新机制建设

基于马克思主义理论学科的整体性，思想政治理论课教育教学机制创新同样要围绕整体性进行，这既包括各个教学阶段的衔接，也包括各类课程要与思政课同向同行。

1. "大中小"阶段一体化

2015年7月30日，中共中央宣传部、教育部印发《普通高校思想政治理论课建设体系创新计划》，首次提出要规范马克思主义理论学科本科生、硕士生、博士生培养工作，探索建立本硕博相衔接的人才培养体系。2019年3月18日学校思想政治理论课教师座谈会上，习近平总书记强调要把统筹推进大中小学思政课一体化建设作为一项重要工程，推动思政课建设内涵式发展。要完善课程体系，解决好各类课程和思政课相互配合的问题。同年8月14日，中共中央办公厅、国务院办公厅印发《关于深化新时代学校思想政治理论课改革创新的若干意见》，要求在保持思政课必修课程设置相对稳定基础上，结合大中小学各学段特点构建形成必修课加选修课的课程体系，与此同时，统筹推进马克思主义理论学科本硕博一体化人才培养，构建完善马克思主义理论学科本硕博学科体系和课程体系。2019年9月2日，中共教育部党组印发《"新时代高校思想政治理论课创优行动"工作方案》，将"高校思政课教师队伍后备人才培养专项支持计划"落实到建立和完善马克思主义理论本硕博学科教学体系上；将教学阶段的一体化建设落实到大中小学思政课课程教材一体化建设中。

2. "思政课程+课程思政"大格局

2016年全国高校思想政治工作会议上谈到，各类课程与思想政治理论课同向同行，形成协同效应。2018年4月12日教育部印发《新时代高校思想政治理论课教学工作基本要求》，要求落实高校主体责任，建立健全教学管理制度体系，推动各类课程与思想政治理论课同向同行，形成协同效应。2018年9月17日，教育部《关于加快建设高水平本科教育全面提高人才培养能力的意见》第九条提出强化课程思政和专业思政。在构建全员、全过程、全方位"三全育人"大格局过程中，着力推动高校全面加强课程思政建设，强化每一位教师的立德树人意识，在每一门课程中有机融入思想政治教育元素，推出一批育人效果显著的精品专业课程，打造一批课程思政示范课堂，选树一批课程思政优秀教师，形成专业课教学与思想政治理论课教学紧密结合、同向同行的育人格局。2019年8月14日，中共中央办公厅、国务院办公厅印发《关于深化新时代学校思想政治理论课改革创新的若干意见》，提出在"大中小"一体化基础上，整体推进高校课程思政和中小学学科德育。深度挖掘高校各学科门类专业课程和中小学语文、历史、地理、体育、艺术等所有课程蕴含的思想政治教育资源，解决好各类课程与思政课相互配合的问题，构建全面覆盖、类型丰富、层次递进、相互支撑的课程体系，使各类课程与思政课同向同行，形成协同效应。2019年9月2日，中共教育部党组印发《"新时代高校思想政治理论课创优行动"工作方案》，完善高校思政课建设格局。积极建设"思政课程+课程思政"大格局，制定专项工作方案，全面推进"课程思政"建设，使各类课程与思政课同向同行，形成协同效应。通过推动思政课教学与日常思想政治教育结合，思政课实践教学与学生社会实践活动统筹；加强民办高校、中外合作办学思政课建设，推动向民办高校选派思政课教师，或组建专门讲师团、教授团承担相关民办高校思政课教学任务；建立家庭参与思想政治理论教育的工作机制等具体途径，将"思政课程＋课程思政"大格局构筑落到实处。

（四）创新方法手段

大数据、新媒体时代，互联网技术促进了社会思潮多元化发展，造就了社会主义文化多元共享。互联网新媒体平台扩大了大学生社会参与领域，拓宽了社会参与渠道，提供了更加多元化的选择与途径。新时代思想政治理论课教育教学创新发展，应抓住信息化机遇，探索"互联网＋"的教育方法，贴近青年学生实际，使互联网这个最大变量转化为思想政治理论课创新发展的最大增量。同时拓展实践教学手段，要切实改变重理论轻实践、重知识传授轻能力培养的观念，注重学思结合，注重知行统一。

2015年9月，教育部印发的《高等学校思想政治理论课建设标准》将实践教学纳入教学计划，统筹思想政治理论课各门课的实践教学、落实学分（本科2学分，专科1学分）、教学内容、指导教师和专项经费。实践教学覆盖全体学生，建立相对稳定的校外实践教学基地。

2017年2月，中共中央、国务院印发的《关于加强和改进新形势下高校思想政治工作的意见》指出，要推进高校思想政治工作改革创新。强调要贴近师生思想实际，加强互联网思想政治工作载体建设，加强学生互动社区、主题教育网站、专业学术网站和"两微一端"建设，运用大学生喜欢的表达方式开展思想政治教育。要强化社会实践育人，提高实践教学比重，组织师生参加社会实践活动，完善科教融合、校企联合等协同育人模式，加强实践教学基地建设。

2018年4月，教育部印发的《新时代高校思想政治理论课教学工作基本要求》再次强调从本科思想政治理论课现有学分中划出 2 个学分、从专科思想政治理论课现有学分中划出 1 个学分，开展本专科思想政治理论课实践教学。同年 9 月，教育部印发的《关于加快建设高水平本科教育全面提高人才培养能力的意见》在深化创新创业教育改革方面提到，应强化实践，促进学生全面发展；发挥"互联网+"大赛引领推动作用，提升创新创业教育水平，推动创新创业教育与专业教育、思想政治教育紧密结合。强调推进现代信息技术与教育教学深度融合。重塑教育教学形态。加快形成多元协同、内容丰富、应用广泛、服务及时的高等教育云服务体系，打造适应学生自主学习、自主管理、自主服务需求的智慧课堂、智慧实验室、智慧校园。大力推动互联网、大数据、人工智能、虚拟现实等现代技术在教学和管理中的应用，探索实施网络化、数字化、智能化、个性化的教育，推动形成"互联网+高等教育"新形态，以现代信息技术推动高等教育质量提升的"变轨超车"。

2019 年 3 月，习近平总书记在学校思想政治理论课教师座谈会上谈到，推动思想政治理论课改革创新，要不断增强思政课的思想性、理论性和亲和力、针对性。其中重要一点，就是坚持理论性和实践性相统一，用科学理论培养人，重视思政课的实践性，把思政小课堂同社会大课堂结合起来，教育引导学生立鸿鹄志，做奋斗者。

2019 年 8 月，中共中央办公厅、国务院办公厅印发的《关于深化新时代学校思想政治理论课改革创新的若干意见》强调将思政课学习实践情况等作为重要内容纳入综合素质评价体系，探索记入本人档案，作为学生评奖评优重要标准。推动思政课实践教学与学生社会实践活动、志愿服务活动结合，思政小课堂和社会大课堂结合，鼓励党政机关、企事业单位等就近与高校对接，挂牌建立思政课实践教学基地，完善思政课实践教学机制。同年 9 月，中共教育部党组印发的《"新时代高校思想政治理论课创优行动"工作方案》强调，思政课实践教学与学生社会实践活动统筹起来，抓好环境创优，推动形成全党全社会努力办好思政课、教师认真讲好思政课、学生积极学好思政课的良好氛围。

四 结语

新中国成立70周年，思想政治理论课已在中国大地传承了70个春秋，培育了一代又一代中华脊梁，支撑着中国从站起来、富起来到今天的强起来。70年间，思想政治理论课在曲折中发展，在探索中完善，离不开党和国家的高度重视，离不开广大思政课教师的辛勤奋斗。改革发展至今，高校思想政治理论课呈现出继承、创新、发展的良好态势，教学内容随时代变化而与时俱进，教学手段因科技进步而日益现代化。当前世界形势风云诡谲、变化莫测，国内政治体制改革也进入深水区，在种种问题面前，高校思想政治理论课课程建设任重而道远，必须在今后的改革发展中坚持马克思主义的指导地位，坚持习近平新时代中国特色社会主义思想，立足新时代中国特色社会主义现代化建设需要，结合青年大学生成长成才规律，以民族复兴为己任，为培养出能堪当民族复兴大任的时代新人而继续努力。

作者：

张梅（华北水利水电大学马克思主义学院副院长，教授，硕士生导师，主要从事高校德育研究、意识形态研究）

魏志杰（华北水利水电大学马克思主义学院思想政治教育专业2017级硕士研究生）

论在高校思政课教学中优化大学生道德人格

张大方　刘丽波

习近平总书记在学校思想政治理论课教师座谈会上强调，思想政治理论课是落实立德树人根本任务的关键课程，思政课教师要给学生心灵埋下真善美的种子，引导学生扣好人生第一粒扣子。因此高校应努力增强思政课课堂教学效果，促进大学生道德人格的发展。

道德人格是人们在社会生活中特别是人与社会的关系中表现出来的品德状态，所以可以叫做社会道德人格。它是通过人们的义务、良心、荣誉、幸福、诚实、公正、勇敢、智慧、正义、知耻、吝啬、嫉妒、宽容等道德范畴表现出来的，因此把道德人格中的丰富内涵进行综合，得出道德人格的四个相互联系的组成部分，即道德人格信仰、道德人格价值观、道德人格规范和道德人格行为，四要素共同构成道德人格。而其中的每一要素都是以个体的道德认识、道德情感、道德意志和道德习惯为心理基础的。纵观我国的道德教育，一个很大的弱点就是"重规范、轻人格"，每个人的个性自幼就被"礼"所泯灭了，不能形成人的道德主体意识，这样就缺少形成自我高尚道德的内在动力、道德选择的权利感、责任感以及独立进行道德选择的能力和人格尊严。一个人及国民的整体道德素质，常常表现在道德批判能力、道德选择能力、道德创造能力上，这些能力仅靠道德规范教育是难以形成的。因此大学思想政治理论课教学理应把促进大学生道德人格的发展作为目标，积极探索有效的途径和方法。

一 转变教育理念，不断提高大学生道德认识水平

高校思想政治理论课是提高大学生道德素质的主渠道，在教学中要促使学生内化道德原则、道德规范，形成辨别是非善恶的道德判断能力，夯实大学生道德人格的理论基础。大学生思想道德素质的形成特别是正确的世界观、人生观、价值观的形成必须依靠理论灌输，然而，部分学生对传统的正面思想教育存有逆反心理，思想政治理论课没有达到应有的效果。罗尔斯认为，在社会道德领域，"力求客观，力求从一种共有的观点来构筑我们的道德观念和判断所产生的结果之一，是我们更加可能达到一致"。[①] 在大学生道德教育过程中，把预设的德育目标作为课堂教学的逻辑起点和出发点是符合教学规律和原则的。因此，在教学中道德灌输是必须的，同时也要注意以下问题，努力提高大学生的道德认知水平。

第一，以学生为主体，准确把握学生思想实际，针对学生需求，调整充实教学内容，优化大学生的道德判断和道德选择的空间。人的道德主体性是指道德人格作为能动的主体，依据已有的道德信仰、价值观，对外界信息发生能动作用，为自己作出评价和选择继续努力。道德主体具有什么样的道德人格对于教育效果有着决定性的影响。因此把握学生的思想道德实际和道德需求，是提高思想道德教育实效性的必要环节。

为此，要坚持做好调查研究工作：利用各种机会，定期向中学领导、教师、学生做调查，还可以结合教师的课题研究进行道德人格状况调查研究、进行大学生价值观状况研究，了解青少年思想道德的一

---

① [美] 约翰·罗尔斯：《正义论》，何怀宏等译，中国社会科学出版社1988年版，第520页。

般状况和主要存在的问题，分析品德形成发展的规律和影响因素；可以对新生进行心理健康状况普查，为学生建立"心理健康档案"，与学生导师、辅导员建立信息交流制度，及时了解学生的思想动向。结合授课内容进行专题调查，譬如对学生的理想、价值观、自信心、存在的困惑等的调查，使教师对学生思想实际有比较清晰的把握，为增强思想政治理论课课堂讲授、辅导的针对性奠定基础。

在品德心理结构中，需要居于重要地位，是人行为的直接动因。大学生面对全新的社会环境，会产生处理好这些社会关系的需要，只有遵循正确的道德规范才能处理好这些问题。思想政治理论课教学就是要抓住时机促使社会道德要求转化为大学生的个人需要。在通过调查了解大学生心理矛盾和道德需求的基础上，对思想政治理论课教学内容进行调整。每一个教学专题，教师都要针对"热点""重点""难点"，及时调整内容、充实教材，结合教学内容，设计课后作业，促使学生进行自我教育。

第二，精心设计课堂教学，使思政课从内容到形式都能激发学生道德人格修养的主动性、自觉性。思政课堂教学是教育内容的载体，如果没有好的载体，人格教育目标也不会实现。教学方法的创新是增强思政课吸引力、实效性的重要方面。每一次课都要精心设计，以激发学生学习积极性为出发点，兼顾理论讲授、学生讨论、辩论、演讲、教师答疑等形式，为学生创造积极参与、坦诚表达、各抒己见、互相启发的机会，引导学生作出正确的道德判断和选择；选取大学生成长、创业的正面、反面典型实例做为教学素材，让学生用学过的理论进行分析和交流，最后老师点评，这样可以锻炼学生用道德理论进行正确的道德评价的能力。另外，还可以请一些优秀学生或校友与学生座谈，增强对道德理论的认识；运用雨课堂、翻转课堂等方式，增强教学感染力、吸引力。

二 坚持以爱育人，提升大学生的道德情感

情感是人对于客观事物是否符合他的需要而产生的态度体验。情感虽然不同于认识过程，但又总是和认识过程紧密联系的，正所谓知之深，爱之切。"道德情感是基于一定的道德认识，对现实道德关系和道德行为的一种爱憎或好恶的情绪态度体验，它是一个人根据一定的道德标准，在处理相互道德关系和评价自己或他人的行为时所体验到的心理活动。"① 思想政治教育的大量事实证明，受教育者能否接受教育内容，达到预期目的，具有决定意义的是受教育者内化教育内容的内在需要。爱的情感是认识内化的催化剂，只有受教育者在接受教育的过程中产生爱的情感，才能产生内化的强烈需求。义务感和责任感是道德感的核心，正是因为产生爱的情感才会有强烈的进取精神和义务感、责任感，而义务感、责任感又是爱的情感的集中体现。

思政课教学中要从以下两方面入手进行道德情感的教育。

（一）对学生进行爱国主义教育，提升学生的民族责任感

爱的情感包括爱祖国、爱人民、爱劳动、爱科学、爱社会主义的情感。在课堂教学中，通过对五爱内容的合理诠释，使大学生矫正以往存在的错误观念，明确爱祖国的情感就是要对祖国有高度的责任感和义务感。当人尽到了自己承担的责任和义务时，就会体验到满意、自豪的情感，反之则会产生不满、内疚、羞耻感，通过情感体验的反复强化，最终使道德规范升华、内化。教学中教师组织大学生进行歌颂祖国的演讲比赛、带领同学参观近年来各行各业取得的丰硕成果，在新生中开展给母亲写一封家信等主题活动，培养学生爱的道德情感。

---

① 曾钊新、李建华：《道德心理学》，中南大学出版社2002年版，第135页。

论在高校思政课教学中优化大学生道德人格

（二）通过和谐师生关系的建立，培养学生的道德感

教学过程中，师生关系不仅是一种教学手段，而且是一种教学目的，它直接影响学生的人生观和价值观，对学生具有道德示范的作用。在良好的师生关系中，学生得到老师的关怀和照顾，享受到师爱的温暖和师生友谊的快乐，使他们相信人世间是真诚、美好的，学习是快乐有趣的，从而体验到真诚、尊重、友爱、平等等道德经验。受学生尊重的老师才是真正有权威的老师，是学生心目中的典范，学生自觉自愿遵从权威，可以提高教学的效果。因此，思政课教师首先要严格要求自己，要求学生做到的自己首先要做好，对工作认真负责，具有敬业精神，在学生心目中产生威信；要关心学生，及时了解学生的思想实际，通过各种途径与学生交流，解决大学生的思想、心理方面的问题，使学生产生爱的情感。引导学生遵纪守法，履行公民的道德义务，产生积极的情感体验，最终使学生产生爱的情感和责任感、义务感。

三　加强实践环节，养成道德行为习惯

实践是连接主客观世界的纽带，是道德人格发展的内在动力。个体在社会实践中对事物的特征及其与自己的关系形成某些直观的看法，随着实践的深入，感性的认识会发生质的飞跃，形成道德观念。同时，实践的客观要求与主体的原有素质之间存在着较大的差距，形成一对矛盾，主体在解决矛盾的过程中，就会暴露出自身在信仰、价值观、能力等方面的弱点和不足。主体只有弥补自身的不足，才能顺利完成社会实践活动。人在改造客观世界的同时，也在不断地把客观要求内化为主观的需要、观念和行为习惯，促进道德人格的发展。[①]

---

① 黄金声：《试论思想品德的内在结构与形成过程》，《教育研究》1991 年第 7 期。

因此，大学生的道德人格培养离不开实践的环节。

（一）引导学生内省修身

人的行为按照其性质可以分为他律行为、自律行为以及道德行为习惯三层次。他律行为是通过外在强制性的规范，要求人们必须遵守，否则会有不愉快的情感体验，他律行为是建立在人们对规范的不理解和不自愿接受的基础上的；自律行为是运用已有的道德标准和经验，对事物进行评判，并通过自我监督机制自觉执行，自律行为是建立在对道德规范的理解和认可的基础上的；道德行为习惯，是人们已经自觉接受的，在实践中不用经过道德判断和选择就表现出来的道德行为。道德教育的目的就是要不断促使人们行为由自律到他律最终养成道德行为习惯。

在现实社会中，许多大学生是知而不行，原因是从知到行需要一个过程。思政课教学要促使学生尽快完成由知到行的转化。首先把修身的方法介绍给学生，改变学生思维中的不正确的思维定势。思政课教师要经常与学生联系，掌握学生的思想动态，及时引导，强化积极因素，克服消极因素，形成好的内省修身能力，养成良好的道德行为习惯。

（二）引导学生积极进行社会实践活动

培养学生的道德行为习惯，应结合社会实际，建立稳固的机制。首先，可以在开学初，根据学生的兴趣划分小组，组织学生进行社会调查，升华学生的认知水平。其次，思政课上让学生模拟各种社会情境，扮演不同角色，体会社会工作的责任感和义务感，促使学生在不同的社会环境和人际环境下作出选择，提高学生的道德选择和道德判断能力。

大学生的道德人格教育任重道远，思政课教师必须按照个体道德人格形成和发展的规律精心组织教学活动，充分激发学生自觉修养的积极性，引导学生形成高尚的道德人格。

论在高校思政课教学中优化大学生道德人格

作者：

张大方（大连大学马克思主义学院教授，硕士生导师，主要从事思想政治教育理论和现实问题研究）

刘丽波（大连大学马克思主义学院副教授，硕士生导师，主要从事思想政治教育理论和现实问题研究）

将人类命运共同体思想融入高校思想政治理论课的理与路[*]

王春英

2019年8月，中共中央办公厅、国务院办公厅印发了《关于深化新时代学校思想政治理论课改革创新的若干意见》，在思政课课程体系建设方面强调，要加强以习近平新时代中国特色社会主义思想为核心内容的思政课课程群建设。本科阶段在开设"马克思主义基本原理概论""毛泽东思想和中国特色社会主义理论体系概论""中国近现代史纲要""思想道德修养与法律基础"课的基础上，各高校要重点围绕习近平新时代中国特色社会主义思想，党史、国史、改革开放史、社会主义发展史，宪法法律，中华优秀传统文化等设定课程模块，开设系列选择性必修课程。构建人类命运共同体是习近平新时代中国特色社会主义思想的重要组成部分，因其内蕴与时代发展的高度契合，一经提出很快引起世界的广泛共鸣。但是，纵观2018版的高校思政课教材，除概论课在论述新时代外交时提及人类命运共同体外，这一重要思想在其他思政课教材中并未得到应有体现。因而，为了更好地贯彻中央精神，使习近平新时代中国特色社会主义思想在高校思政课中得到全面立体展现，本文将试图在高校原有的思政课及拟开设的选择性必修课的构建中，就如何更好地融入人类命运共同体思

---

[*] 本文系2019年度教育部高校示范马克思主义学院和优秀教学科研团队建设项目，"推动构建人类命运共同体教学研究"（项目批准号：19JDSZK078）的阶段性成果。

想展开论述,在理论资源、融入路径等方面提出拙见。

一 "理"——将人类命运共同体思想融入高校思政理论课的理论资源

虽然从名词意义上来讲人类命运共同体是中国共产党人在新时代提出的历史命题,并因习近平总书记的深刻阐释及在世界重要场合中的宣讲而广为人知,但是并不意味着这个思想是在没有任何源流基础上横空出世,从其内蕴可以看出,人类命运共同体思想的形成有着极为深厚的理论基础和文化渊源。马克思主义原理、中华文明的文化底蕴、"四个自信"的理论支持,都为人类命运共同体思想的形成与传播提供了丰富的理论给养,成为其理论价值的有力背书。

(一)马克思主义坚实的理论基础

中国共产党自诞生那一刻起就始终以马克思主义为自己的强大思想武器。众所周知,马克思主义最终的理论诉求即人的自由全面发展,也就是实现全人类的解放,因而对于现实的人的关照是马克思主义重要的理论品格。马克思从人的类存在、类本质出发为我们描绘了人从背离类本质的异化状态走向类本质回归的历史画卷。

1. 人的类存在与共同体

从自然界的构成来看,人与他物具有共性,是构成色彩斑斓的大千世界中诸多物种之一,但很显然,人又与他物有异。正如被众人所熟知的马克思关于"两种尺度"的思想所指出,"动物只是按照它所属的那个种的尺度和需要来建造,而人懂得按照任何一个种的尺度来进行生产,并且懂得处处都把内在的尺度运用于对象"[①]。自由的有意识的生命活动掘出了一条人之外的其他生命体永远无法逾越的鸿

---

① 《马克思恩格斯选集》第1卷,人民出版社2012年版,第57页。

沟。马克思在《1844年经济学哲学手稿》中提出:"动物和自己的生命活动是直接同一的。动物不把自己同自己的生命活动区别开来。它就是自己的生命活动。人则使自己的生命活动本身变成自己意志的和自己意识的对象。他具有有意识的生命活动。①"人因有意识的生命活动与其他物种相区别,使人成为不同于其他物种的"类存在",正如高清海先生所指出,人具有自然给予的"种生命"和超越了物种生命的"类生命",从而使生命具有了双重的内涵。当人的思想意识生长出"我"这个概念的时候,也意味着有无数个"他我"与"我"共存,"我"与"他我"的集结从而构成类。人的有意识的生命活动以实践为展开路径,在实践中"我"向自然敞开,通过对象性活动,改造自然为我所用,实现了与自然的否定性统一;同时也向"他我"敞开,通过交往结成社会关系,形成共同体,使人对自然的改造和超越在更为理想的水平上变为现实。由此可见,人的类存在本身就蕴含着共同体形成的天然条件,也正为如此,在意识积淀的经验中人类对共同体的存在产生依赖和依恋,从而提高人类的实践水平,并且使人获得精神上的归属感。

2. 共同体的异化与复归

从上文分析可见,马克思的类观念思想中蕴含着人类共同体形成的机制,但是在共同体的演进过程中,由于种种制约因素的存在,导致共同体被异化,出现了马克思所说的"虚幻的共同体"。正如学者所言,"在历史和现实中,存在着种种把人与人隔离开来的、造成人与人相对立和冲突的抽象力量。在前现代社会,这种抽象力量最典型地表现为共同体中'支配一切的抽象权力',在现代社会则最典型地表现为'支配一切的资本逻辑'。"② 所谓支配一切的抽象力量,是指统治阶级借助自己的地位优势掩盖了阶级差异的事实,将自己扮演成

---

① 《马克思恩格斯选集》第1卷,人民出版社2012年版,第56页。
② 贺来:《马克思哲学的"类"概念与"人类命运共同体"》,《哲学研究》2016年第8期。

共同体的代言人，将自身的利益宣讲为共同体的利益，从而导致共同体内部与共同体之间的对抗与分裂。现代社会中，以资本为纽带结成的共同体带来的对人的自由的僭越及共同体的异化则更加显而易见。因此，只有不断剔除这些导致共同体异化的因素，真正的人类命运共同体才能达成。正如马克思在《德意志意识形态》中所指出："只有在共同体中，个人才能获得全面发展其才能的手段，也就是说，只有在共同体中才可能有个人自由"；然而，"从前各个人联合而成的虚假的共同体，总是相对于各个人而独立的；由于这种共同体是一个阶级反对另一个阶级的联合，因此对于被统治的阶级来说，它不仅是完全虚幻的共同体，而且是新的桎梏"。因此，只有"在真正的共同体的条件下，各个人在自己的联合中并通过这种联合获得自己的自由"。[①]

总之，结成共同体是人类社会生活的应有之意，然而由于历史阶段的局限，真正符合人类发展的共同体被异化。随着时代的发展，人类被虚幻的共同体所拖累的程度也日益加剧。被中国所倡导的人类命运共同体的构想正是纠正这种异化的努力，构建人类命运共同体明确了构建自由人联合体，从而实现人类解放的方向。反之，马克思主义也为构建人类命运共同体的努力提供了坚实的理论支持。

（二）中华文明的文化底蕴

人类命运共同体思想既与马克思主义有着密切的理论渊源，同时五千多年的中华文明也为其提供了深厚的文化底蕴。中华文化内涵的多元共生的本体论、和而不同的价值观、兼爱天下的道德观都为人类命运共同体思想提供了丰厚的理论给养。

1. 多元共生的本体论

哲学在古希腊被指称爱智慧的学问，而本体论则是早期哲学家最钟爱的话题，甚至在当代依然魅力不减。然而东西不同的文化源流也

[①]《马克思恩格斯选集》第1卷，人民出版社2012年版，第199页。

形成了东西方哲学在本体论问题上的不同认识。以古希腊为起始的西方哲学，在早期即形成了一元本体论的思维取向。被公认为西方第一哲学家的泰勒斯提出水是万物的本原、赫拉克利特提出世界是一团永恒燃烧的活火、毕达哥拉斯提出世界的本原是数……无论是具有物质形态的水火，还是抽象的数，古希腊哲学家都把万物的本原指向了"一"而不是"多"，由此也形成了西方哲学在本体论问题上的思维方式。无论是宗教哲学中的上帝，还是黑格尔的绝对精神，均出此一辙。中国哲学则形成了与此不同的思维风格。在中国传统文化中，关于世界本原问题的回答，不是封闭的，而是开放的、多元的。这种思维特点在《国语》中有着非常有意思的体现。"夫和实生物，同则不继。"[①] 和实生物是如何体现的呢？"故先王以土与金木水火杂，以成百物。"[②] "声一无听，色一无文，味一无果"，[③] 此处生动体现了中国传统文化对多元共生本体论取向的青睐。在中国传统文化看来，世界的本原并非源自一宗，而是多种元素共同成为万事万物生发的基础。如果世界归复为一，那么丰富多彩的世界将变得单调乏味。这种多元共生的本体论思想充分体现出中国传统文化海纳百川的包容精神，这也正是人类命运共同体思想所要彰炳的开放包容的思想精要之所在。

2. 和而不同的价值观

和是中国传统文化中一个重要的概念。和而不同这句话出自论语。子曰："君子和而不同，小人同而不和"，君子虽意见各异，但能和谐相处，小人处处迎合别人，但是内心并不一定抱着和谐友善的态度。关于和与同的区别，《左传》中有非常精彩的释义。《左传·昭公二十年》记载："公曰：和与同异乎？对曰：异。和如羹焉，水火醯醢盐梅以烹鱼肉，燀之以薪。宰夫和之，齐之以味，济其不及，以泄其过。君子食之，以平其心。……若以水济水，谁能食之？若琴

---

① 徐元诰：《国语集解》，中华书局2002年版，第466页。
② 同上书，第470页。
③ 同上书，第472页。

瑟之专一，谁能听之？同之不可也如是。"① 羹汤之所以美味，就在于多种食材、调料的搭配，如果只是用水来调制，何谈美味。这段精彩的对白给予我们十分深刻的启示。世界的和谐并非来自整齐划一，正所谓百花齐放春满园，如果只是一枝独秀，即使是最艳丽的牡丹也会因天长日久而让人感到乏味。世界因不同而精彩，物之不齐物之情也。世界的和谐不是要排除异己，而是要学会与不同和谐相处。如同当前的世界，正因为有不同的国家、民族、文化，才使世界色彩纷呈。不同文明之间要学会互相尊重，"以它平它谓之和"②，用"和"的心态和胸怀化解彼此的矛盾纷争，消除丛林法则、"修昔底德陷阱"的思想误区，打造和谐美丽、共同繁荣的世界。这正是我们倡导构建人类命运共同体的善意和初衷。

3. 兼爱天下的道德观

美国著名德育专家诺丁思开创了关怀伦理学的研究向度，强调要从学会关心入手培养学生良好的品德，从而使对德育情感维度的强调达到了一个新的高度。其实，从爱出发对百姓实施教化，在中国古已有之。孔子强调"仁者，爱人"③，孟子"老吾老以及人之老，幼吾幼以及人之幼"④ 都充满了对他人的友爱之心。中国传统道德不仅强调爱人，而且要将爱推演到整个世界。张载的"民胞物与"思想、王阳明的"万物一体"思想等都展现出中国古人对天地自然的敬畏，对世界万物的一种博大的爱。由对物、对同胞的爱，势必生发王道道德政的主张。王道与霸道相区别而对存，强调敬德保民、为政者要克明俊德、为政以德，这才是统治者的为政之道。"己所不欲勿施于人"，"己欲立而立人，己欲达而达人"，爱自己的子民同样要爱别人的子民，爱天下苍生。故，与邻国相处要讲信修睦，尊奉仇必和而解的外

---

① （春秋）孔子著，左丘明撰：《春秋左传》（下），北方文艺出版社 2013 年版，第 602 页。
② 徐元诰：《国语集解》，中华书局 2002 年版，第 470 页。
③ 《论语·学而》。
④ 《孟子·梁惠王上》。

交原则。同时，还要竭力救他人于危难之中，正所谓"达则兼济天下"，实现天下大同。由此可见，中华文化是和平主义的倡导者。历史上，中国经常处于世界强国之林，但是中国却没有走国强必霸的道路。郑和下西洋传播的是中华文明，实现的是与不同民族之间的平等交流，而不是如西方列强一样对外扩张的每一步都伴随着原住民的血泪史。这种兼爱天下的道德观为人类命运共同体的倡导提供了有力的注脚。中国倡导的人类命运共同体不是要划分自己的势力范围，而是要与世界各国人民携起手来维护和平，实现共同繁荣，共同保卫人类美好的家园。

（三）"四个自信"的理论支持

在党的十九大报告中，习近平总书记郑重宣告，中国特色社会主义进入新时代。新时代不仅体现在社会主要矛盾和发展目标的变化，更为重要的是新时代体现出的伟大历史意义。新时代以中国特色社会主义取得的伟大成就为依托，向近代中国的历史证明中国走了一条正确的发展道路；向社会主义发展史证明，世界社会主义在东方的中国焕发出新的生机与活力；向世界人民证明，中国经验给世界上那些既希望加快发展又希望保持自身独立性的国家和民族提供了全新选择，为解决人类问题贡献了中国智慧和中国方案。这些伟大成就也进一步激发和强化了我们在道路选择、制度建设、理论创新、文化发展方面的自信。

回首沧桑历史，近代中国千疮百孔、积贫积弱。整个中国近代史是华夏大地不断被列强瓜分的历史，也是中华儿女励精图治寻求国家独立解放的历史。无数仁人志士用血的代价为发展之路的探索做出了巨大牺牲。经历了改良主义、民族民主革命的失败，中国人民终于在中国共产党的带领之下走上了新民主主义革命和社会主义建设道路。事实证明，这条道路越走越宽广、越走越光明。而道路的选择之所以获得成功在于中国人民从自己的国情出发，选了一条适合自己国家的社会主义建设道路。

中国特色社会主义制度是道路探索取得成功的保障。苏联十月革命开启了社会主义制度发展之路。然而，众所周知，在20世纪80—90年代，世界社会主义运动遭遇了重创。苏东剧变给国际共产主义运动蒙上了厚重的阴影。世界上最强大的社会主义国家苏联的解体，宣告了苏联社会主义模式的失败。然而，苏联模式的失败不意味着社会主义的失败，在制度建设方面，我们既借鉴了苏联的经验，又及时根据国家实际摒弃了其弊端和不足。在坚持、改革和创新的推动下，社会主义制度在中国日臻完善，在老牌资本主义国家增长乏力，发展中的资本主义国家陷入"增长不发展"怪圈的情况下，中国的社会主义制度展现出独特的魅力和优势，为社会制度和发展模式的选择带来了有益的思考。

社会主义事业的成功离不开正确理论的指导。中国的成功不仅在于始终坚持了马克思主义的指导，更在于坚持了实事求是、解放思想、与时俱进、求真务实精神的指引，开创了中国特色社会主义理论，始终保持了理论的先进性。

中国民族优秀传统文化则为社会主义的发展提供了丰厚的精神给养与人文底蕴。如学者所言，"社会主义理念如果不是与中国传统文化如'天下大同'等理想相契合，是不可能内化为中国的国家属性和受到广大中国人民拥护的"[1]。

在改革开放伟大成就和"四个自信"精神鼓舞下，中国共产党人进一步清醒地认识到了中国共产党不仅是为中国人民谋幸福的政党，更是为人类进步事业而奋斗的政党。中国共产党始终把为人类作出新的更大的贡献作为自己的使命。当前这个使命主要体现在推进人类命运共同体的构建之中，使中国在道路、理论、制度、文化建设中取得的经验为广大的发展中国家带来更多的选择和思考。中国正在通过

---

[1] 王义桅：《习近平新时代中国特色社会主义思想的世界意义》，《前线》2017年第11期。

"一带一路"、亚投行等平台，使中国的发展成果更好地惠及世界。同时，在推进国际政治秩序合理化发展中，中国不负众望、积极发声，为建立相互尊重、公平正义、合作共赢的新型国际关系而努力。在世界和平、安全、文化、生态等领域中，中国也崛起为越来越有国际影响力并且承担相应责任的国家，树立了良好的国家形象，在世界范围内延展了中国共产党的初心和使命。正如2018年4月8日，习近平主席在会见联合国秘书长古特雷斯时指出，"我们所做的一切都是为人民谋幸福，为民族谋复兴，为世界谋大同"。

二 "路"——将人类命运共同体思想融入高校思政理论课的现实路径

正如前文所言，人类命运共同体思想是中国特色社会主义理论中具有广泛世界影响的重要内容，但是在2018版高校思政课教材中除概论课之外，没有充分地融入和体现，因此，广大思政课教师要抓住课程创新改革之契机，及时妥当地将这一思想融入到其他三门思政必修课以及国家要求探索开设的选择性必修课中。

（一）将人类命运共同体思想融入高校思想政治理论课的路径探析

我国高校对本科生主要开设四门思想政治理论课，因概论课中人类命运共同体已经得到关注，本文拟按教育部要求的开设顺序，以教材体系为视角，逐一探讨将人类命运共同体思想融入其他三科课程的具体路径。

1. 融入《思想道德修养与法律基础》课的路径

2018版的《思想道德修养与法律基础》课（下文简称基础课）教材由绪论和六章内容构成。全书以做怎样的人与怎样做人为逻辑主线，从新时代对大学生的新要求入手，引导学生思考世界观、人生观、价值观等人生课题，从而树立远大的人生理想，并自觉以中国精

将人类命运共同体思想融入高校思想政治理论课的理与路

神和核心价值观为奋斗的精神指南和价值引领，以道德和法律为规范准则，最终成为有理想、有本领、有担当的时代新人。笔者认为，绪论在铺陈新时代对大学生的新要求的内容中即可融入人类命运共同体的相关思想，在课程以时代背景出场时即增加关注世界的维度，明确我国提出构建人类命运共同体的时代需求与伟大意义，并在人才培养目标中预设全球胜任力①的发展期待，强化大学生的责任感、使命感。在树立共产主义远大理想的内容中，可以从理论与实践相结合的维度阐释人类命运共同体与共产主义之间的联系。在中国精神中将人类命运共同体作为解读民族精神和时代精神一个视角；在传统美德的教育中，深入挖掘中国传统义利观、仁爱观等内容的世界意义；在法律部分应该适当增加国际法的内容，可以一如教材重法律原则而非具体法条的风格，着重介绍国际法的制定原则、当今世界国际法的效力以及中国在捍卫国际法中的表率作用。进而分析国际法对建立合理的国际秩序乃至人类命运共同体建构的保障作用。

2. 融入《中国近现代史纲要》课的路径

《中国近现代史纲要》课（下文简称纲要课）以时间为线索回顾和展示了从鸦片战争到新中国成立及之后我国社会主义革命和建设的恢弘历史画卷。意大利著名历史学家克罗齐曾经做过这样的比喻，他说历史是生活的教师。如果我们以人类命运共同体思想为视角，从中国近现代史这位老师那里得到的最深刻的教诲就是，人类要用休戚与共代替相互倾轧和挞伐，也就是要用命运共同体思想替代为资本逻辑所左右的霸权主义、丛林法则。近代中国成为列强侵略瓜分的对象，中国人民对霸权主义造成的伤痛有深切的体会，因此，强大起来的中国走上了反对霸权主义的道路，倡导构建人类命运共同体，消除被异

---

① 全球胜任力由经济合作与发展组织实施的当今世界最具影响力的学生评价项目之一。全球胜任力是指"在尊重人性尊严的前提下，个人拥有从多元观点批判性地分析全球与跨文化议题的能力；能充分理解差异是如何影响自我及他人的观点、判断与诠释；能够开放、适宜、有效率地与不同文化背景的人沟通的能力"。由知识、认知技能、社会技能和态度、价值四个维度构成。

化了的共同体，各民族彼此尊重、平等相待、互帮互助，实现世界大同。在纲要课综述部分——风云变幻的八十年中融入人类命运共同体的思想再恰当不过了，对帮助大学生树立正确的历史观大有助益。同时可以在上编从鸦片战争到五四运动前夜、中编从五四运动到新中国成立适当融入维护世界持久和平的重要意义的内容。可以组织学生就维护和平的路径展开讨论。在下编中国特色社会主义进入新时代部分，可以结合新时代中国与世界关系的历史性变化的讲解融入中国提出构建人类命运共同体的时代背景、现实基础以及为此付出的努力。在讲解中国共产党的初心和使命的内容时，在阐明中国共产党以为人民谋幸福、为民族谋复兴为初心和使命的同时，也兼顾在国际视野中的拓展，那就是为世界谋大同。

3. 融入《马克思主义基本原理概论》课的路径

在2018版的《马克思主义基本原理概论》课（下文简称原理课）教材中有一处提及了人类命运共同体。在分析全球化的影响时，教材指出，经济全球化是一把双刃剑，不能将当今世界出现的问题全部归罪于全球化。全球化负面影响产生的原因在于资本主义制度的本质。资本主义在发展过程中通过法制、分权制衡、选举、政党制度，辅之以庞大的意识形态体系，制造出绚丽的民主形式和思想理论，但是这一切都无法改变资本主义对私有制的维护和对个人主义的捍卫。因此，这些弊端不改变，全球化带来的诸多危机就无法根除。因此，要以构建人类命运共同体的理念来引领全球化，"以文明交流超越文明隔阂、文明互鉴超越文明冲突、文明共存超越文明优越"①"推动经济全球化朝着更加开放、包容、普惠、平衡、共赢的方向发展"②。表面上看，只是中国提出了不同于西方主导的全球化理念，实质上两种不同的发展理念反映的是社会主义与资本主义两种不同制度的分

---

① 习近平：《弘扬"上海精神"　构建命运共同体》，《人民日报》2018年6月11日。
② 习近平：《齐心开创共建"一带一路"美好未来》，《人民日报》2019年4月27日。

野，是两种社会制度本质的鲜明体现。依笔者之见，还应在原理课中对人类命运共同体产生的机理进行分析，将前文阐述的人的类存在、类本质与共同体之见的关系融入到教材之中，增加人类命运共同体理念征服学生的彻底性。

（二）将人类命运共同体思想融入选择性必修课板块的构想

根据中共中央办公厅、国务院办公厅印发《关于深化新时代学校思想政治理论课改革创新的若干意见》要求，各高校要重点围绕习近平新时代中国特色社会主义思想、党史、国史、改革开放史、社会主义发展史，宪法法律，中华优秀传统文化等设定课程模块，开设系列选择性必修课程。人类命运共同体是开设相关课程的重要考量视角。围绕这一思想，笔者认为可以开设和平教育、安全教育、世界文明史、生态文明教育的相关课程。

1. 和平教育

人类命运共同体关注的主要议题之一就是构建持久和平的世界。世界人民普遍渴望和平，然而普遍和平并没有如愿而至，因此要分析导致和平被破坏的原因。和平被破坏一定是多种原因所致，但不容置疑的是，人们思想中和平意识的缺失一定是其中的重要原因，因而，和平教育势在必行。世界范围内的和平教育由来已久，一些国家的学校还开设了相关的课程。如20世纪80年代英国针对北爱尔兰地区不同教派的信徒之间冲突不断的现状，开展了以相互理解为主题的和平教育，并取得积极的效果。我国是一个倡导和平主义的国家，聚焦和平诉求的思想资源极为丰富，我们可以整合这些资源，同时适当借鉴国外开展和平教育的经验，开设和平教育的相关选修课。和平教育的课程不仅有助于大学生掌握维护国际和平方面的理论知识，同时可以培育大学生对待他人和社会的友善心态，在思想深处埋下和平的种子，成为维护世界和平的新生力量。

2. 安全教育

随着时代的发展人类安全领域也呈现出与以往不同的状况，在传统的国土安全、军事安全等问题的基础上又出现了文化安全、信息安全、科技安全等新问题，并且许多安全问题跨越了国界成为威胁世界人民的共同问题。安全形势的变化要求全世界要结成命运共同体，共同应对。这些新问题、新形势需要让大学生及时了解。同时，要积极开展中国所倡导的"共同、综合、合作、可持续"的新安全观教育，明确我国在维护国家和世界安全方面所做出的努力。如国际维和行动、斡旋和解决武装冲突、维护国际海洋通道安全等，激发大学生的自豪感和爱国热情，坚定践行新安全观的信心。同时，要对大学生大力开展网络安全教育。当代大学是伴随着网络成长起来的一代，熟练掌握网络技术。但是，由于安全意识不强，他们往往也在有意与无意间成为破坏网络安全的推手。加强网络安全教育的任务现实而迫切。

3. 世界文明史教育

2019年5月15日上午，亚洲文明对话大会开幕式在北京举行。大会聚焦亚洲文明交流互鉴与命运共同体的主题，为亚洲国家展示各自的文明成果、交流互鉴搭建了平台。习近平主席在主旨演讲中提出了四点主张，彰显了中国对待不同文明的开放包容态度及美美与共的价值诉求。正如习近平主席在演讲中首先回顾亚洲文明的辉煌成就一样，世界文明史的教育也旨在回顾世界各民族在文明发展中取得的卓越成就，从而培养大学生形成欣赏不同文明之美的眼睛，为世界文明的发展做出贡献。

4. 生态文明教育

近年来，随着全球生态环境问题的日益严峻，生态文明问题被世界各国所关注。大学生是未来生态文明建设的主要参与者，为维护生态的可持续发展，必须大力开展对大学生的生态文明教育。教育可以从宏观和微观两个方面展开。从宏观上，我们不仅要让大学生意识到生态问题的严峻，而且要让他们明确"生态危机的背后隐藏着基本价值的危机。对全球环境治理的反思必须首先明确其价值支点。确切地说，是到底立足于国家主义还是全球主义"[①]。当前许多生态问题是由于发达国家为维护高消耗的生活将高能耗、高污染产业转移至发展中国家所导致的。因此，在生态文明教育问题上必须教育大学生要树立全球意识、命运共同体观念。在环境危机爆发的情况下，任何人都不能独善其身。从微观上，要积极培养大学生绿色低碳的生活方式。每个人细微习惯的改变，将为清洁美丽世界的到来做出不可估量的贡献。

总之，人类命运共同体思想的历史意义正在世界范围内彰显，高校思想政治理论课务须积极将这一思想融入到教材和教学体系之中。人类命运共同体美好愿景的实现需要具有共同体意识的人来推进，广大思政课教师责无旁贷。

作者：

王春英（黑龙江大学马克思主义学院教授，法学博士，硕士生导师。主要从事思想政治教育理论与实践、比较思想政治教育研究）

---

① 王帆、凌胜利：《人类命运共同体——全球治理的中国方案》，湖南人民出版社2017年版，第247页。

思政课教育实验是探索思想政治教育规律的科学方法

鄢显俊

一 问题的缘起

习近平总书记在 2016 年 12 月全国高校思想政治工作会议上提出："做好高校思想政治工作，要因事而化、因时而进、因势而新。要遵循思想政治工作规律，遵循教书育人规律，遵循学生成长规律，不断提高工作能力和水平。"[1] 这一讲话为高校思想政治工作和思想政治教育学科发展指明了方向，即思想政治教育必须努力探索：思想政治工作规律、教书育人规律和学生成长规律，这三大规律可归结为教书育人规律，而探索规律的突破口无疑是作为高校思想政治工作主渠道和主阵地的思政课。能否"用好课堂教学这个主渠道"，能否"坚持在改进中加强"，以"提升思想政治教育亲和力和针对性，满足学生成长发展需求和期待"[2]，在很大程度上决定了高校思想政治工作的成效。总之，思政课教学质量和水平成为检验高校思想政治工作的"试金石"。

---

[1] 习近平：《把思想政治工作贯穿教育教学全过程 开创我国高等教育事业发展新局面》，《人民日报》2016 年 12 月 9 日。
[2] 同上。

◈◈ 思政课教育实验是探索思想政治教育规律的科学方法 ◈◈

提高教育教学质量和水平、探索教书育人规律是教育研究的本义。在教育研究的诸多方法中，教育实验是不可或缺的方法。思想政治教育必然蕴含教育属性且必须遵循教书育人规律，故本文认为："思政课教育实验"是探索思想政治教育规律的科学方法，拟对此展开一系列讨论以求教大方之家。

二 "思政课教育实验"的学理依据和实验设计

在教育研究中，实验研究是一种重要的方法。教育实验是研究者按照研究目的，控制或创设一定条件以影响改变研究对象，从而验证假设，探讨教育规律的一种研究。在教育研究的诸多方法中，最典型的定量研究是实验研究。作为教育研究的重要方法，教育实验完全可以和思政课教学改革研究相结合。即运用教育实验的理论和方法来检验思政课教学改革的成效进而探寻思想政治教育规律。

"思政课教育实验"作为一种探索思政课教育教学规律的教育实践和研究方法，由笔者于2005年创立，迄今已成功推进十余年。"思政课教育实验"是在高校思政课教育教学中全面引入教育实验的理念与方法，通过检验各种教育教学方法的有效性来探索符合思想政治工作规律、教书育人规律和大学生成长规律的思政课教育教学模式，提升教书育人成效的教育实践和科研方法。它探索了思想政治教育学与教育学、心理学和管理学等多学科整合创新的路径而具有重大原创学术价值。

"思政课教育实验"的学理依据是2005年年底国务院学位委员会和教育部发布的《关于调整增设马克思主义理论一级学科及所属二级学科的通知》（学位〔2005〕64号文件），此文件在思想政治教育的"主要相关学科"中，前所未有地列入心理学和教育学，使之与马克思主义基本原理、马克思主义中国化研究、马克思主义发展史、政治学、伦理学赫然并列。文件在思想政治教育学科"业务范围"之

"课程设置"中,还首次囊括了"思想政治教育心理学"和"心理健康教育研究",使之与学科诸多专业课程并列,揭示了思想政治教育和心理学、教育学内在的学术联系。"简言之,思想政治教育与教育学和心理学的内在关联决定了高校思政课教育教学必须借力于教育学和心理学以发展壮大自身。""就学科发展趋向看,教育实验及教育测量(包括心理实验和测量)所代表的实证研究理应在方兴未艾的高校思政课教育教学改革中受到越来越广泛的关注。基于第一轮改革的经验得失,高校思政课教育教学改革的新趋向必然是:走与教育学、心理学相结合的道路。"①基于上述认识,在思想政治教育中引入教育实验既是实践发展的需要也是学术研究和学科发展的需要。据此,"思政课教育实验"设计如下。

(1)提出假设:假设某种教学方法能够提升思政课教学绩效的某一方面,则可以通过教育实验检验之。根据课程宗旨,思政课教学绩效可概括为两个层次的指标:基础层次绩效和高层次的绩效。基础层次绩效是:学生学习获得感增强,满意度提升。高层次的绩效是:学生政治价值观提升。

(2)实验设计:为使研究客观可信,"思政课教育实验"采用"前后测非对等对组准实验"。"前后测"是指实验数据的获取是通过前测和后测问卷,"非对等"是指本实验不设对照组,只通过比较被试在实验前后的状态变化来检验实验假设。"准实验研究与实验研究一样包含一个或多个实验变量。但是,与参与者被随机地分配的实验处理不同,研究中被试是被'自然'地分配组别,比如班级。成员进哪个组是自我选择的。准实验研究中,也是运用包括实验处理在内的单一被试设计。因为随机分组的努力经常遇到困难,所以在教育中更经常地使用准实验研究。"②

---

① 鄢显俊、周伟编:《高校思政课教育实验研究——大学生喜欢什么样的思政课》,高等教育出版社2016年版,第77、82页。

② 袁振国主编:《教育研究方法》,高等教育出版社2000年版,第11—12页。

◇◇　思政课教育实验是探索思想政治教育规律的科学方法　◇◇

（3）被试及实验周期：被试系自然选课班级的学生，实验以学期为单位，周而复始。

（4）实验变量："如果教育研究被称为'实验'的研究，那它至少有一个变量，即实验变量，它是由研究者人为地改变的，以便确定对变化的影响。"[1] 本实验最大的实验变量是任课教师本身，其精神面貌、职业态度、政治素质和教育认知水平及所采取的教学方法将对被试的学习兴趣和政治价值观产生影响。

（5）实验操作：

①实验前测。通常在学期伊始发放问卷获取实验前被试的相关数据。

②实验展开。由任课教师按计划推进体现理论假设的教育教学活动。

③第三方观察。在教育实验展开的同时，由研究生助教担任课堂观察者及时完成教育观察和观察报告。

④实验后测和访谈。通常在学期结束前发放后测问卷获取被试在实验结束时的相关数据，同时由研究生助教对被试进行访谈，集体访谈和个别访谈相结合，及时完成访谈报告。

⑤数据分析和实验结论。导师指导研究生助教运用 SPSS 统计软件完成前后测问卷的数据分析，同时结合课堂观察和访谈所获取的材料完成实验报告，检验理论假设。

⑥上述过程周而复始，循环往复，课堂教学得以优化。

总之，"思想政治教育的科学性必须体现为可验证性，'实践是检验真理的唯一标准'。当思想政治教育放下高不可攀、高高在上甚至'拒人于千里之外'的身段回归教育的本质，走和教育学心理学相结合的发展道路后，许多被实践反复证明了的教育理论和心理学理论都可以为我所用，成为思想政治教育以及高校思政课教育教学研究突破

---

[1] 袁振国主编：《教育研究方法》，高等教育出版社 2000 年版，第 11 页。

创新的犀利工具。其中，教育实验的理论与方法就是高校思政课创新的不二法宝。"① 实践经验证明，"思政课教育实验"是检验思想政治教育成效的法宝和探索思想政治教育规律不可或缺的手段。

三 "思政课教育实验"所揭示的思想政治教育规律

在笔者坚持十余年的教育实验中，根据思政课所面临的种种问题，特别是学生学习兴趣不高这一普遍现实，提出一个理论假设并以教育实验的方法验证该假设以弥补相关研究的缺漏。这个理论假设是：如果教师能够引入体现人文关怀与心理疏导的"新教学模式"，那么，与"传统教学策略"②相比，采用"新教学模式"的思政课教学绩效将得以改善和提高。因为，前者有违教育规律，而后者符合教育规律。"思政课新教学模式"通过提升"基础层次绩效"，进而改善"高等层次绩效"。

"思政课新教学模式"的理论依据是建构主义学习理论、积极心理学、有效教学论、学习型组织理论等现代教育理论和管理理论，它主张教师采用符合教育规律的多样化举措改进课堂教学，分别是：①精心设计"开学第一课"；②遴选班委并制定激励与约束并重的课堂管理制度；③建立有效师生沟通的渠道；④实施互动体验式教学和基于团队协作的研究性学习；⑤建立研究生助教制度。上述举措涉及：教师态度、课堂管理、师生沟通、学习方式等决定教学质量的诸多环节。通过教育实验探索思想政治教育"三大规律"暨教育规律，有

---

① 鄢显俊、周伟编：《高校思政课教育实验研究——大学生喜欢什么样的思政课》，高等教育出版社2016年版，第361—362页。
② 所谓"传统教学模式"是指：师生很少互动，教师不注意激发学生主动性和积极性，"说教式""灌输式""宣讲式"的课堂教学。需要特别指出的是，"传统教学模式"并非教学枯燥乏味的代名词，"传统教学模式"可以是精彩的演讲，但它通常忽略学生在学习中的主体地位和主动性而视学生为单纯的"灌输"对象。

如下发现。

（一）学生学习满意度决定其政治价值认同度

表1　　云南大学"概论"课四个教育实验班①教学总体
满意度前后测均值及配对样本 T 检验

2014 级 "概论"（上）19 班			
	样本	均值②	标准差	显著性—P（双侧）
前测	100	3.56	0.935	0.000
后测	95	4.20	0.752	
2014 级 "概论"（上）22 班			
前测	106	3.47	1.062	0.000
后测	100	4.18	0.859	
2014 级 "概论"（下）02 班			
前测	98	3.50	0.840	0.000
后测	93	4.08	0.679	
2014 级 "概论"（下）05 班			
前测	78	3.49	0.818	0.000
后测	81	4.30	0.535	

表1说明，实施了"新教学模式"之后，四个教学实验班被试教学总体满意度显著提升：后测均值变大而标准差变小。四个实验班教学总体满意度 P 值均小于 0.05，变化显著。

---

① 云南大学《毛泽东思想和中国特色社会主义理论体系概论》（上、下）分别在大二上学期和下学期开设。本实验数据采自："概论"（上）2014 级 19 班（体育、建规和数统学院）、22 班（信息、数统学院）。"概论"（下）2014 级 02 班（公管、国际、历史与档案和民社学院）、05 班（公管、文学和职继学院）。统计数据的收集和整理由笔者指导的 2014 级思想政治教育专业硕士研究生覃宇华完成。

② 本调查采用里克特五级量表，最小值为 1，最大值为 5，数值越接近 5 则表明结果越理想。

表2　　云南大学"概论"课四个教育实验班
被试政治价值观认同变化情况

政治价值观	认同比较	均值	标准差
1. 中国改革开放之所以取得举世瞩目的伟大成就，其原因在于：中国共产党领导全国各族人民创造性地走出了一条中国特色社会主义发展道路	前测	4.20	0.854
	后测	4.24	0.851
2. 在中国共产党的领导下走中国特色社会主义道路是中国实现中华民族伟大复兴和全面建成小康社会的唯一正确道路	前测	3.72	1.074
	后测	3.86	0.982
3. 中国特色社会主义具有越来越巨大的世界影响力和感召力	前测	4.17	0.827
	后测	4.30	0.703
4. 社会主义核心价值体系（马克思主义指导思想、中国特色社会主义共同理想、以爱国主义为核心的民族精神和以改革开放为核心的时代精神）必须成为而且可以成为当代中国大学生的主流意识	前测	3.94	0.995
	后测	3.98	0.988
5. 中国目前所存在的诸多社会问题和令人不满的某些现状都属于发展中难以避免的问题，我相信在党的正确领导下和全国人民的共同努力下，它们都是可以逐步解决的	前测	4.07	0.965
	后测	4.18	0.803
6. 面对危机四伏的国际形势和来自外部的诸多挑战，我坚信今天的中国共产党有能力有决心积极应对化解难题，确保国家顺利发展	前测	4.18	0.850
	后测	4.30	0.746
7. 无论从人类现代化进程看，还是就世界社会主义建设的历史而言，中国特色社会主义从实践上和理论上都堪称伟大的创新	前测	4.13	0.918
	后测	4.31	0.770
8. （因为"7"）如果没有创新思维和能力，一个国家、一个民族不能实现强国富民的梦想。一个政党，同样不能实现自己的安邦治国的政治理想。同理，一个组织乃至大学生，如果没有创新的意识和能力，均会堕于平庸，无所作为，在竞争中落伍	前测	4.38	0.839
	后测	4.45	0.763
9. （因为"7"和"8"）大学开设的思政课将有助于大学生更加深刻地理解创新思维和创新能力的重要性，而且有助于培养大学生这方面的综合素质	前测	3.83	1.022
	后测	3.99	0.897
10. 思政课是国家进行意识形态教化的重要手段，对于增进人们的爱国情感和维护国家的稳定繁荣起着积极作用	前测	3.99	1.006
	后测	4.11	0.982
样本（N）		318	

从表 2 可以看出，被试后测时对课程政治价值观的认同均比前测有不同程度提升。"3""5""6""7""9"项目标准差，后测比前测大幅度减小。这说明，被试在教育实验后，对于中国特色社会主义和中国共产党的信心明显增强，实验效果显著。

（二）教师因素是学生学习满意度的决定性因素

在本教育实验中，教师是最大的自变量，其职业态度、教学方法与内容取舍、师生关系等会对学生学习态度产生极大影响。具体参见表 3。

表 3　　2014 级"概论"（上）19 班、22 班各项教学策略和课程总体满意度的相关性

各项教学策略与课程总体满意度的相关性	PC 相关系数	显著性（双侧）	样本（N）
教师教学方法与课程总体满意度的相关性	0.681 **	0.000	188
师生交流状态与课程总体满意度的相关性	0.468 **	0.000	188
教师运用视频辅助教学与课程总体满意度的相关性	0.577 **	0.000	188
教学内容与课程总体满意度的相关性	0.564 **	0.000	188
建立班级微信群与课程总体满意度的相关性	0.538 **	0.000	188

表 4　　2014 级"概论"（下）02 班、05 班各项教学策略和课程总体满意度的相关性

各项教学策略与课程总体满意度的相关性	PC 相关系数	显著性（双侧）	样本（N）
教师教学方法与课程总体满意度的相关性	0.683 **	0.000	234
教师教学态度与课程总体满意度的相关性	0.479 **	0.000	234
师生交流状态与课程总体满意度的相关性	0.461 **	0.000	234
课堂氛围与课程总体满意度的相关性	0.495 **	0.000	234
"研究生助教制度"与课程总体满意度的相关性	0.260 ***	0.000	234

从表3、表4数据可知,在影响"课程总体满意度"的所有因素中,"教师教学方法与课程总体满意度的相关性"最强,两个学期教育实验的 PC(皮尔逊相关系数)均高于 0.681。事实上,在笔者推行的"思政课新教学模式"中,最受学生热捧的教学手段是最能够激发学生参与热情的教学手段,这是该教学模式的精华:"基于团队协作的研究性学习成果展示及颁奖典礼"①,这个教学方法的创新,符合中共中央、国务院对"进一步办好高校思想政治理论课"的要求,因为此举"增强教学的吸引力、说服力、感染力"②。

为了验证上述实验结论,笔者指导研究生进行更大范围的问卷调查③,以摸清影响大学生思政课学习满意度的影响因素,调查结果如下。

从表5可知,第一,思政课教师职业素养各项构成的均值都高于中位数值3许多,说明在学生眼里都是影响学习满意度的重要因素,其中,④⑥⑤三项均值最高。这说明,学生最满意的老师必须严格遵守教学工作纪律。而思政课教师除此之外,还必须遵守符合自身职业特点的操守,即"干一行、钻一行、爱一行"。考察与此因素相关联的学习满意度标准差发现,它们之间数值非常接近,说明被试对上述

---

① 该教学环节有如下规定:第一,开学第三周,老师根据教学重点和时政热点拟定研究性学习选题,制定研究性学习方案以取代传统的期中考试;第二,全班学生组建若干学习小组(10人以内),组长负责,分工协作。根据上述方案,用6周时间完成一部时长15分钟的微电影作为研究报告;第三,微电影展示从第9周开始持续约三周,由班委、学生主持人和学生评委会全程负责该学习环节的组织工作。每部微电影展示完毕要接受评委和观众的提问并由老师点评。第四,微电影展示完毕后一周,召开盛大颁奖典礼并由评委会宣布各小组最后总成绩,组长据此给每个小组成员评定期中考试分数。在笔者所设计的教育实验中,这个教学环节最受学生欢迎,它和"开学第一课"共同构成本教育实验的最重要的环节。

② 《中共中央 国务院印发〈关于加强和改进新形势下高校思想政治工作的意见〉》,2017 年 2 月 27 日,新华网,http://news.xinhuanet.com/politics/2017 - 02/27/c_1120538762.htm。

③ 本调查采用随机抽样方式由笔者指导的2015级思政专业硕士研究生解晓娟完成。时间:2016年9—10月,调查对象:云南大学1—4年级学生,重点为大二、大三学生。调查共计发放问卷550份,收回问卷538份,回收率97.82%,有效率99.26%。本调查采用里克特五级评分制,最小值为1,最大值为5,数值越接近5则表明结果越理想。

问题的看法比较一致。

表5　　思政课教师职业素养与学生学习满意度及其相关性

教师职业素养	学习满意度 均值	标准差	相关性 PC	Sig.
①老师衣着得体，为人师表，关爱学生，同时对学生严格要求	3.74	0.950	0.686**	0.000
②老师爱岗敬业，有很强的人格魅力，能够激发学生学习的积极性，提高学生对思政课的学习兴趣	3.59	0.950	0.750**	0.000
③老师教风严谨，用心教书育人，能够有效管理课堂并激励学生以营造良好的课堂学习氛围	3.60	0.957	0.691**	0.000
④老师不迟到、早退，不随意调课	3.91	0.981	0.092*	0.033
⑤老师有坚定正确的理想信念和马克思主义信仰	3.79	0.982	0.144*	0.001
⑥老师具有深厚的马克思主义理论素养与人文社会科学素养	3.84	0.958	0.155*	0.000

第二，进一步分析，这六个因素与学习满意度相关系数从高到低依次为：②0.750＞③0.691＞①0.686＞⑥0.155＞⑤0.144＞④0.092。其中，②③①三个因素与学习满意度的相关系数都在0.6以上，其Sig.显著水平均为0.000远低于0.05，表明影响因子之间存在着显著相关性。这说明，学生学习满意度受到老师两大职业素养的影响，一是教师育人、为人师表的职业操守，二是有效激励学生学习兴趣的教学技能。其实，这两项职业素养应该是而且必须是每一名大学老师都要具备的"通用型职业素养"。

第三，相较而言，因素⑥⑤与学习满意度的相关系数较低，相关性不太显著。而因素④与学习满意度的相关系数接近零，说明该因素与学习满意度之间的相关性极弱。这揭示了一个可喜的现象：云南大学思政课教师遵守教学工作纪律和教学政治纪律的情况良好，故这些因素成为一个"常量"影响不到学生的学习满意度。

表6　　思政课教学方法与学生学习满意度及其相关性

教学方法	学习满意度均值	标准差	相关性 PC	Sig.
①老师教学不再是"填鸭式""满堂灌"	3.52	0.883	0.681**	0.000
②老师能因材施教，重视听取学生的意见并不断改进教学方法	3.86	0.830	0.584**	0.000
③老师能灵活运用多媒体等先进的教学手段	3.60	1.000	0.082	0.058
④老师注重运用启发式、讨论式和研究性教学	3.91	0.918	0.671**	0.000
⑤老师普通话标准流畅，吐字清晰，语速、语调适中	3.32	0.878	0.199*	0.026
⑥老师上课用语通俗易懂，轻松幽默	3.13	0.866	0.237**	0.000

从表6可知，第一，思政课诸多教学方法的均值都高于中位数值3，说明在学生眼里它们都是影响学习满意度的重要因素，其中，④②③三项均值最高。这说明，学生最满意的教学方法是最能够激发学生参与度的方法，让学生成为学习的主人翁而非"被灌输知识"的对象并用现代教育技术改善教学是思政课教师应有的职业自觉。考察与此因素相关联的学习满意度标准差发现，在④②③三项因素中，②的标准差最小，说明学生对该问题的看法比较一致。这意味着，思政课教师必须非常注重听取学生意见和建议，尊重学生学习主人翁地位。④③标准差较②增大，说明学生对该问题的看法出现分歧。符合

情理的解释是，对于习惯了应试教育的中国大学生而言，要他们主动积极地参与到课堂教学中，改变多年习惯的被动学习状态并不是一件轻而易举的事。

第二，进一步分析，思政课诸多教学方法与学习满意度相关系数从高到低依次为：①0.681＞④0.671＞②0.584＞⑥0.237＞⑤0.199＞③0.082。其中，①④②三个因素中，①④与学习满意度的相关系数都在0.6以上，②的相关系数接近0.6，三者Sig.显著水平均为0.000远低于0.05，表明影响因子之间存在着显著相关性。这说明，学生学习满意度受到老师课堂教学方法影响极大，好的教学方法一定是能够激发学生积极参与教学过程的方法。

第三，相较而言，因素⑥⑤③与学习满意度的相关系数较低或极弱，相关性不太显著，即这些因素对学习满意度的影响极其有限，可以忽略不计或者有待进一步完善。

表7　　思政课教学内容与学习满意度及其相关性

教学内容	学习满意度 均值	标准差	相关性 PC	Sig.
①教学内容简洁，重点突出	3.76	0.792	0.667**	0.000
②教学内容丰富多彩，与时政联系紧密	3.78	0.837	0.701**	0.000
③教学内容紧贴大学生所思所想	3.78	0.907	0.035	0.417
④教学内容深入浅出，可听性强	3.80	0.850	-0.012	0.788
⑤教学内容正确，概念及其原理清晰	3.54	0.888	0.099*	0.022
⑥教学内容富有启发性，能够促进大学生思维能力提升	3.81	0.965	0.077	0.077

从表7可知，第一，思政课教学内容诸多特点的均值都高于中位数值3许多，说明在学生眼里它们都是影响学习满意度的重要因素，其中，⑥④③②四项均值较高。这说明，学生最满意的教学必须能够启迪思维、富有吸引力、针对性和时效性。考察与此因素相关联的学

习满意度标准差发现，除⑥之外，④③②之间数值差距不大，说明样本数据离散度不高，调查对象对上述问题的看法比较一致，而对因素⑥的看法，调查对象的分歧较大。

第二，进一步分析，这六个因素与学习满意度相关系数从高到低依次为：②0.701＞①0.667＞⑤0.099＞⑥0.077＞③0.035＞④－0.012。其中，②①两个因素与学习满意度的相关系数都在0.6以上，其 Sig. 显著水平均为0.000远低于0.05，表明影响因子之间存在着显著相关性。这说明，学生学习满意度受教学内容的影响极大，且学生很关注理论联系实际的教学。另外，删繁就简、重点突出也是学生对课程的期待。

第三，相较而言，因素⑤⑥③与学习满意度的相关系数较低，相关性极低。而因素④与学习满意度的相关系数为负值且 sig. 水平值大于0.5，说明该因素与学习满意度之间没有相关性。这表明，因素⑤⑥③能够对学习满意度产生有限影响，但不应该成为教师的关注重点。

四　结论

通过"思政课教育实验"发现：第一，学生学习满意度提升会促进其对课程所讲授的政治价值观认同度的提升；第二，在本教育实验中，教师作为最大的自变量是学生学习满意度的决定性因素。其中，教师职业态度、教学方法、师生关系以及由此引发的学生学习参与状况是决定课堂质量的最重要因素。

总之，但凡大学生不喜欢的思政课都有违背教育教学规律的地方。反之，所有深受大学生欢迎的思政课，无论其表现形式如何五彩缤纷、各具特色，但都符合教育教学规律。针对教师而言，简而言之，教育教学规律就是：乐教、善教并积极研教的规律；针对学生而言，教育教学规律就是：在教师引导下、帮助下乐学、善学并积极研学的规律。在接受教育的过程中,学生不仅获得知识而且学会运用知识乃至融会贯通进而创新知识,通过学习进而完善人格,最终成为对社会有用的人才。

作者:

鄢显俊(法学博士,重庆大学马克思主义学院教授,硕士研究生导师,重庆大学马克思主义理论学科首位引进人才)

思想政治教育学原理体系新形态的探索与建构*

王颖 李晴

思想政治教育学原理以其理论辐射面广、实践指导性强的鲜明特点成为支撑思想政治教育学科门户，维护学术尊严的核心课程，是展示学科思想魅力、体现理论价值的窗口，也是贯通思想政治教育史、思想政治教育方法论、比较思想政治教育学的理论"硬核"①。1980年围绕"政治工作也是一门科学""思想政治工作应成为一门科学""思想政治工作是一门科学"等建议和论断展开的全国范围大讨论和广泛认可揭开了思想政治教育学原理研究的序幕。1984年高校设立思想政治教育专业后，对思想政治教育学原理内涵、结构和体系从单一学科攻关过渡到跨学科研究，形成一系列原理教材，并在实践检验中不断修订完善，理论体系和话语体系日趋成熟，为思想政治教育学的专业发展、人才培养、学术研究和学科建设做出不可磨灭的历史性贡献。

随着时代的变迁、研究视角的转换、研究方法的转变、技术路线的转型、人员队伍的更替，理论和实践对思想政治教育研究的创新发

---

* 本文系国家社科基金后期资助项目"思想政治教育价值取向转型的理论研究"（项目批准号：17FKS016）的阶段性成果。

① ［英］伊姆雷·拉卡托斯：《科学研究纲领方法论》，兰征译，上海译文出版社2005年版，第58页。

展提出了新的更高的要求："思想政治教育正在研究什么？思想政治教育应该研究什么？思想政治教育怎样才能做好研究？"[1] 思想政治教育学原理研究面临着"向何处去"和"如何突破"的抉择和追问：书本上（理论上）的原理和实践中的原理有什么区别，什么才是有说服力和解释力的思想政治教育原理，如何善待目前相对成熟的思想政治教育学原理体系和知识结构，如何进行基本原理的创新发展，如何把握各种学术设想、写作思路和创作计划体现出不同方向和内在逻辑。新时代赋予思想政治教育学术发展新任务、新使命、新愿景，也提出了高远的理论期待和实践要求，需要我们逐渐摆脱先验性思考和研究方式，从现实出发而不是从先验和想象出发，以鲜明的学科自觉、深刻的学科自省、强烈的学术担当，高度关注并研究真实、火热、劲道的中国思想政治教育事实和现象，积极构建新时代思想政治教育学原理体系。

一　思想政治教育学原理体系创新的现实要求

马克思主义认为，原理、观念和范畴是一定时代社会关系的历史产物，具有时代性和暂时性。"人们按照自己的物质生产率建立相应的社会关系，正是这些人又按照自己的社会关系创造了相应的原理、观念和范畴。所以，这些观念、范畴也同它们所表现的关系一样，不是永恒的。它们是历史的、暂时的产物。"[2] 刘建军认为现实的重大变化会影响到思想政治教育原理，要以变应变："在现有原理及其理解不能合情合理地解释新的思想政治教育现象和趋势时，就有必要对原理及其理解作出相应的调整或修改。基本原理虽然是稳定的，但不是绝对稳定，更不是一成不变。认识到这一点，就要明白，与其被动

---

[1] 沈壮海、金瑶：《思想政治教育研究的新10年：回顾与展望》，《马克思主义理论学科研究》2018年第5期。

[2] 《马克思恩格斯选集》第1卷，人民出版社1995年版，第142页。

地变，不如主动地变。"① 沈壮海认为新的社会历史条件"提出了构建新形态的《思想政治教育学原理》的新要求"②，"思想政治教育学原理创新要在已有的基础上通过'古木新花'的形式打造升级版"。③余玉花、张萍萍主张"审视思想政治教育学原理体系的建构是否合理？检视体系建构的根据是否发生了变化？查验体系内部各部分之间的关系是否具有逻辑性？"④李基礼认为思想政治教育学原理"出现了某种程度的认同危机"⑤，陷入了深沉的知识困境和思想焦虑。邱柏生、董雅华对此展开了前所未有的自我批评："研究领域已基本固化，结构没有多大变化，仅仅是内涵上做少许补充，对一些新问题和新的社会精神现象缺乏研究，或者即便有相关研究也缺乏解释力和现实针对性。"⑥思想政治教育学原理的学理基础和基本内容要随着时代的发展不断调整，不能明显地落后于新时代，要赶上新时代、投身新时代。

思想政治教育学原理体系创新不局限于教材体系创新却首先集中体现在对教材的高度关注上。1986 年陆庆壬主编的《思想政治教育学原理》建立了比较完整的学科理论体系，明确了构建思想政治教育学原理的四个基本要素：研究对象、理论基础、学科特点和规律，经 1992 年、1998 年修订后教材内容体系发生较大变化，开始出现多方向的分类研究趋势。通观 30 多年来各种版本的思想政治教育学原理

---

① 刘建军：《思想政治教育学原理建构中哲学思维的运用》，《思想教育研究》2012年第4期。

② 沈壮海：《构建新形态的〈思想政治教育学原理〉》，《学校党建与思想教育》2010年第25期。

③ 沈晔：《思想政治教育学原理体系创新论坛〈思想理论教育〉杂志创刊30周年论坛综述》，《思想理论教育》2016年第3期。

④ 余玉花、张萍萍：《思想政治教育学原理创新方法探讨》，《思想理论教育》2016年第7期。

⑤ 李基礼：《思想政治教育学的实践发生学考察》，《学校党建与思想教育》2010年第12期。

⑥ 邱柏生、董雅华：《思想政治教育学科理论研究：评价与展望》，《思想理论教育》2014年第2期。

教材和专著，或者围绕"目标、功能、任务、理论基础、基本内容、基本规律、环境、载体"[①]，或者围绕"发展论、本质论、目的论、主导论、结构论、主体论、环境论、过程论、方法论、载体论、管理论"[②] 等范畴建构体系，框架设计、结构安排、内容组合基本上形成定式。近十年来学术界结合新领域的理论探索对如何编写或改写原理教材提出了若干新思路。

目前的思想政治教育学原理体系是一种平面式、概论式的叙述和铺陈，面面俱到、细密周全而精深提炼不足，对于思想政治教育实践活动的基本理论和主要原理本质意义上的解读不深不透。经过30多年的学科建设和专业发展，新时代的思想政治教育学科建设进入了新的发展阶段，学术界对此的认识和意见比较一致，只是表述和细节上有些差别，主要观点包括存量提升期（冯刚）、理性发展阶段（沈壮海）、稳定化和再理论化实践归化阶段（宇文利）、学术攻坚阶段（李艳）、系统化阶段（王学俭）。这意味着学界普遍认为思想政治教育学科步入了通过理论反思增加概念可靠性和命题真实性的探究阶段，要确切地发现基本原理以及原理之间的关系，使之成为真知灼见。

二 关于思想政治教育学原理体系的批评性意见

如何进一步创新发展思想政治教育学原理，优化理论体系，实现科学化发展，提高理论可靠性和命题真实性等问题引发高度关注，从学科创始人到中生代乃至新生代学者以极大的理论热忱和学术激情发表了系列意见和建议。

第一，教材缺乏学科特色和专业内涵。思想政治教育学经过30

---

① 陈万柏、张耀灿主编：《思想政治教育学原理》，高等教育出版社2007年版。
② 张耀灿、郑永廷、刘书林、吴潜涛等：《现代思想政治教育学》，人民出版社2001年版。

多年的专业发展和学科建设，形成了本学科的学术论域、学术话语和教材体系。荆兆勋认为教材内容缺乏学科特色和专业内涵，"教材通篇都给人一种似曾相识的感觉，很少有什么全新的概念，大多都是各门学科知识按照思想政治教育体系的要求重新组合而成的'大拼盘'而已"。[1] 郑永廷、郭海龙认为有些思想政治教育学原理教材"缺乏理论的系统性与深度；前面所阐述的思想政治教育基础理论研究成果存在多样化表述问题；不能从理论上回答为什么思想政治教育具有必然性与普遍性问题；难以为人们提供解决当前所面临现实问题的理论"。[2] 高峰认为全球化时代的思想政治教育学原理研究要观照横向联系诠释普遍性，要触及纵向发展揭示规律性，要拓展学科范畴增强系统性[3]。张澍军认为"以'中国现代实际'替代'人类社会普遍存在'而概括提升出来的思想政治教育原理，显然会有以偏概全之嫌。即使是试图提炼总结出具有世界普遍解释力的思想政治教育原理，也力不从心"。[4] 随着学科建设和人才培养体系的逐步完善，思想政治教育学原理体系点上和面上的板块性和结构性话题已经被一系列博士论文和专著以一种"片面深刻"的形式予以精细阐发，在某种意义上既有的原理体系和架构基本上被架空了，导致"基本理论和基本观点始终不能形成一个稳定的形象"[5]。思想政治教育学原理中的概念和道路与教育学、道德教育学拉不开明显的距离，没有基于自身经验构建起来的独特概念，使用其他学科的概念范畴和理论范式来描述中国共产党的思想政治教育实践略显别扭，也容易产生误导。

---

[1] 荆兆勋等：《思想政治教育的学科定位及建设思路研究》，山东人民出版社2011年版，第53页。

[2] 郑永廷、郭海龙：《思想政治教育学原理的体系建构与深化研究》，《思想教育研究》2016年第5期。

[3] 高峰：《全球化时代的思想政治教育学原理研究》，《思想理论教育》2010年第7期。

[4] 张澍军：《试论思想政治教育学科前沿的若干重大问题》，《马克思主义研究》2011年第1期。

[5] 刘书林：《思想政治教育学原理专题研究纲要》，人民出版社2018年版，第189页。

第二，教育学底色和范式较重。邱柏生、沈壮海、金林南、吴宏政、杨增崟认为思想政治教育学原理具有较强的教育学底色，在编撰体例上秉承教育学原理和道德教育原理的框架和理路，基本格局变化不大，各种名目的教育学概念和内容在思想政治教育学原理中曾先后登场，理论表述较为浅显。教育学界对于自身的理论发展水平也充满困惑和期待。布列钦卡认为"在世界范围内，教育学文献普遍缺乏明晰性。与其他大多数学科相比，教育学被模糊的概念以及不准确和内容空泛的假设或论点充斥着"。① 陈桂生教授感谓"教育学的迷惘与迷惘的教育学"及其个人反思至今不绝于耳，更有"教育学的坏理论"系列批评②。尽管如此，戴锐、韩聪颖仍认为目前还不能切断思想政治教育学原理与教育学之间的联系，要掌握教育学的精髓，加强吸收转化能力："教育学不应成为思想政治教育学的'原罪'，管理学、宣传学等也不是。教育学范式尽管在很多研究者那里受到了批评，但无论它在学科发展历史上的重要贡献（在一定意义上，也是凯洛夫体系的贡献），还是思想政治教育的以'教育'的形式进行政治行动的属性，都决定了它与教育学有着不可分割的联系。"③ 教育学理论的浅近和话题的丰富性在一定时期内仍然会对思想政治教育学研究具有较大的参考性。

第三，概念逻辑略显混乱。思想政治教育学原理在宏观、中观、微观三个层次上的概念使用是混乱的。刘建军认为"原理体系中有时把不同层次的逻辑关系搅在一起。这往往与'思想政治教育'概念的广义与狭义搅在一起有关。在原理教材中，广义狭义同时并存，而且甚至还有更广义、更狭义等多种层次。它们在原理中的同时并存有

---

① ［德］沃尔夫冈·布列钦卡：《教育科学的基本概念》，胡劲松译，华东师大出版社2001年版，第五版前言。
② 杨开城：《教育学的坏理论研究之四：教育学的理论品性》，《现代远程教育研究》2014年第1期。
③ 戴锐、韩聪颖：《面向行动的思想政治教育学原理体系擘划》，《思想理论教育》2017年第2期。

时会是不可避免,但是它们之间应该有规范的逻辑和语言上的过渡和转换,而不能在不同层次间随意转换"。① 祖嘉合认为"由于概念的混乱,使思想政治教育学科的发展难求专业精深,也使思想政治教育学科建设难以获得实质性的进展。思想政治教育学科术语的随意使用、随意替换和有意无意的混用倾向,正在危害着学术的严谨性和严肃性"。② 张澍军认为思想政治教育学原理体系的诸多矛盾如学科边界不够明晰,学科研究对象的历史局限造成了理论层次、学科内容规范、运动形式不够明晰等外生矛盾,根本原因在于"理论史的逻辑秩序走了相反的路,就是先有了'现代中国思想政治教育原理',而后我们才去创建它的元理论"。③ 张耀灿认为应从理论体系的结构和理论观点的解释力两大方面重新审视思想政治教育原理④,郑永廷、郭海龙结合思想政治教育学原理基点的变化提出要深化对思想政治教育本体论、本源论、结构论、发展论和重大现实问题的研究⑤。如何处理理论体系中概念和逻辑序列问题,学术界目前尚未给出明确的解决方案。

第四,新概念层出不穷。近10年来思想政治教育原理的研究著作涉及的概念包括"本质、有效性、主导性、主体间性、元问题、人学、载体、发生、范畴、价值、生态、和谐、环节、功能、经验、合力、内容结构、社会整合、系统、效益、政策环境、情景、课程、过程矛盾和规律、精神资源、公众参与、学科发展(建设)、交往、沟

---

① 刘建军:《思想政治教育学原理建构中哲学思维的运用》,《思想教育研究》2012年第4期。
② 祖嘉合:《思想政治教育学科发展中存在问题的思考》,《思想政治教育研究》2011年第1期。
③ 张澍军:《试论思想政治教育学科前沿的若干重大问题》,《马克思主义研究》2011年第1期。
④ 张耀灿:《对"思想政治教育原理"的重新审视》,《学校党建与思想教育》2011年第10期。
⑤ 郑永廷、郭海龙:《思想政治教育学原理的体系建构与深化研究》,《思想教育研究》2016年第5期。

通、话语、现代转型、创新动力、道德矢量等诸多方面"①，出现了不少新概念新范畴。殊不知"思想政治教育学基本范畴的体系，并不等于思想政治教育学原理的体系。构建思想政治教育基本范畴体系对于构建思想政治教育学原理体系究竟具有何种作用和意义，还有待于进一步研究和确证"。② 随着招生规模的迅速扩张和科研队伍的不断增长，可以预见新概念会随着学科间的理论旅行和理论移植变得越来越多。之所以会产生很多新概念或者玄而又玄的概念，不是因为概念不足或者不够用，而是因为对思想政治教育问题理解不足，对思想政治教育事实和事理分析不透造成的："只有当我们提出了清晰的、专门化的问题并把相关问题同时解决时我们才能获得知识。"③ 提出一个概念尤其是新概念的目的是为了对发现的问题进行更加深刻的研究，提出概念和解决问题的过程也是思想政治教育学科基本理念主题化和概念化的过程，"一门学科像它的那些概念一样强劲有力"，④ 思想政治教育概念应该能够穿透问题进而直指人心，让人一下子就能领会到本学科的对象、内容、实践领域和实践方式。如何从完整、准确的"思想政治教育概念"出发，从规范思想政治教育各种概念的具体内涵指向出发，梳理基本概念间的层次结构和逻辑关系，加强思想政治教育学核心范畴体系和话语体系建设，巩固概念基础，建构全面、合理、简洁的学科概念基础显得愈发重要。

三 思想政治教育学原理体系创新的若干思路

思想政治教育学科建设和专业发展是几代学者孜孜以求、锲而不

---

① 沈壮海、金瑶：《思想政治教育研究的新10年：回顾与展望》，《马克思主义理论学科研究》2018年第5期。
② 刘建军：《思想政治教育学原理建构中哲学思维的运用》，《思想教育研究》2012年第4期。
③ ［德］沃尔夫冈·布列钦卡：《教育知识的哲学》，杨明全、宋时春译，华东师范大学出版社2006年版，第20页。
④ ［美］戴维·伊斯顿：《政治体系》，马清怀译，商务印书馆1993年版，第43页。

舍的心血结晶和智力成果。如果能够主动了解"那一代人是如何奋斗，当时相伴而行的同事又是何人"①，就不难理解"现有的经验是难能可贵的，它是我们几代人花费心血、辛勤耕耘来的。它是我们进一步前行的导向，我们应该珍惜它、重视它、利用它，并在未来的发展中丰富它、完善它"。②也就不会误以为思想政治教育理论是"一种在思维世界中独自空转的概念范畴综合体"③。我们应该积极总结学科的创建者、学科史的书写者和见证者所积累的宝贵经验。邱柏生、董雅华认为在优化思想政治教育学原理的过程中要进行学理判别："第一，我们原先建构这一体系的逻辑思路是什么？第二，我们如果要变更这种体系，新的逻辑思路又是什么？"④思想政治教育研究应将基础研究和动态研究相结合，服务需求，深度分析；将综合研究与专题研究相结合，点面结合，突出重点，提高思想政治教育研究的针对性、可操作性和前瞻性，通过学术研究和学术贡献维护学科尊严，促进学科发展。

第一，深化既有原理体系。邱柏生、董雅华认为早期的思想政治教育学原理教材"在没有大量的专门研究文献和相关教材为基础铺垫的条件下，直接称为'思想政治教育学'的'原理'显然有些放胆了"。⑤他主张借用拉卡托斯的"科学研究纲领"，建议通过理论硬核、中层理论和表层理论三种理论形态建构结构完整、形态丰满的思想政治教育学原理体系。佘双好认为通过一大批专题研究和博士论文对思想政治教育系统和结构的深入探讨，实现了"从依附性发展向自

---

① 刘书林：《思想政治教育学原理专题研究纲要》，人民出版社2018年版，第317页。
② 荆兆勋等：《思想政治教育的学科定位及建设思路研究》，山东人民出版社2011年版，第188页。
③ 任志锋：《论思想政治教育理论的逻辑向度》，《马克思主义学科理论研究》2019年第2期。
④ 邱柏生：《思想政治教育学原理体系优化的学理抉择》，《思想理论教育》2016年第4期。
⑤ 邱柏生、董雅华：《思想政治教育学新论》，复旦大学出版社2012年版，第2页。

思想政治教育学原理体系新形态的探索与建构

主发展、从依托式发展向独立发展的转变"。[①] 陈秉公认为应通过研究和解决思想政治教育理论的 8 个具体课题实现学科基本理论的再系统化[②]。孙其昂认为要推进思想政治教育学原理的第三次科学化,"形成展现思想政治教育专业特征和思想政治教育学原理成熟形态的知识体系"[③],张耀灿认为思想政治教育原理的理论体系要创新发展思路,加强元理论体系研究,深化思想政治教育学理论基础,转向人学研究范式,全面落实学科研究对象,拓展和深化对于思想政治教育本质、核心内容和基本方法的认识和研究,发展核心概念,优化基本范畴[④]。思想政治教育学不能再热衷于对一些新概念、新话语的简单演绎,应从思想方法和思维范式的突破着手,自觉建构理论结构、研究方法与实践模式。

第二,宏微并进构建新形态的原理体系。创新发展思想政治教育学原理不仅体现为理论平台、概念内涵、研究范式的调整,也体现为理论视野和理论形态的差别。有"宏观教育事业现象"和"微观教育活动现象"之分,沈壮海认为目前的思想政治教育学原理"多是在微观的视野中观察、思考思想政治教育的理论与实践,聚焦于探索人的思想政治素质发展变化及其教育引导的规律,并以此为轴心展开对思想政治教育本质、意义、要素、过程、规律、环境等问题的理论探索"。他主张以"宏观视野、原理定位、时代特色、中国属性、教学逻辑、创新思维"为原则构建宏观思想政治教育学[⑤]。何志敏、卢黎歌建议直接把高校思想政治教育学划分为《宏观思想政治教育学》

[①] 余双好:《关于思想政治教育学科发展的战略思考》,《学校党建与思想教育》2014 年第 12 期。

[②] 陈秉公:《论思想政治教育学科基本理论的再系统化》,《思想理论教育导刊》2006 年第 8 期。

[③] 孙其昂:《关于"思想政治教育学原理"第三次科学化的思考》,《思想教育研究》2015 年第 7 期。

[④] 张耀灿:《对"思想政治教育原理"的重新审视》,《学校党建与思想教育》2011 年第 10 期。

[⑤] 沈壮海:《宏观思想政治教育学导论》,《思想理论教育导刊》2011 年第 11 期。

和《微观思想政治教育学》，并对二者的研究对象进行了比较研究[1]。刘亚军认为应运用马克思的总体性思想方法，加强宏观思想政治教育学研究，改进微观思想政治教育学研究[2]，刘建军认为在原理体系创新的过程中"要坚持问题导向、内容为王的原则，积极进行宏观构想的创新和微观领域的充实"。[3] 王军认为建设宏观思想政治教育学的倡议获得了局部共识，应着眼于如舆论导向等宏观实践领域，提升理论自觉。[4]杨晓慧认为要加强思想政治教育宏观内涵和微观内涵的综合性研究，[5] 黄蓉生认为思想政治教育学科创新发展过程中要处理好理论研究中的宏观与微观取向问题，揭示思想政治教育的规律性，增强思想政治教育的学理性，协同创新，宏微并进，完善思想政治教育学科理论体系。[6] 闵永新、陈志超认为宏观思想政治教育学是思想政治教育学科基本理论体系题中应有之意，"没有必要再剥离一种微观思想政治教育学与之相对应，以彰显自己的科学原理"。[7] 宏观思想政治教育学研究虽然引起较大的注意，处于起步探索阶段，基本定位和具体内容尚未达成一致，系统的教材尚未出版，刻意营造宏观和微观泾渭分明的两种类型思想政治教育学容易导致理论研究的自我固化和碎片化，不利于进一步深化学科基础理论。

第三，加强哲学思维指导。思想政治教育学原理体系的创立和发

---

[1] 何志敏、卢黎歌：《建立"宏观思想政治教育学"与"微观思想政治教育学"的思考》，《思想教育研究》2011年第1期。

[2] 刘亚军：《论宏微并进的思想政治教育学研究——以马克思总体性思想为视域》，《湖北社会科学》2014年第2期。

[3] 沈晔：《思想政治教育学原理体系创新论坛暨〈思想理论教育〉杂志创刊30周年论坛综述》，《思想理论教育》2016年第3期。

[4] 王军：《推进宏观思想政治教育学建设的几点思考》，《湖北社会科学》2018年第5期。

[5] 杨晓慧：《对深化思想政治教育学科建设的几点思考》，《思想政治教育研究》2014年第1期。

[6] 黄蓉生：《加强高校思想政治工作的学科创新发展思考》，《理论与评论》2018年第1期。

[7] 张耀灿、钱广荣等：《思想政治教育学科范式简论》，安徽师范大学出版社2018年版，第75页。

展,离不开运用哲学思维对思想政治教育实践和运行规则的抽象和凝炼。孙其昂认为要通过强大的哲学思维"改造思想政治教育学原理,重构思想政治教育学原理'知识框架',力争建构理想形态的思想政治教育学原理"。① 刘建军认为思想政治教育学原理接受哲学思维之火的煅烧,存在着哲学运用不足和运用过度两方面的问题:哲学思维运用不足导致思想政治教育学原理的概念使用、命题阐发、原理构建在理论定位、逻辑关系、层次分别方面缺乏严密、自洽、持续的逻辑性。哲学思维运用过度又容易在概念套用中自我循环成了新的经院哲学,脱离思想政治教育本身的实践和需要,不仅没有澄清思想政治教育原理建构中的问题,反而制造了许多麻烦。② 他建议通过建立思想政治教育哲学迁移抽象争论,就思想政治教育本身来研究和阐述问题,展示思想政治教育自身的内在丰富性,简洁稳定地表述思想政治教育的基本道理。刘书林认为要在辩证法的统领下把握好科学性和时效性的关系、包容多样和思想斗争的关系、创新发展和坚持根本的关系、坚持民族文化和文化的世界认同的关系、批判错误思潮和健全思想政治教育学体系的关系、坚持正确导向与更新方法的关系,结合社会实践和社会实际,打开研究新局面,进一步改进、完善理论体系。③

第四,加强应用思想政治教育研究。戴锐、韩聪颖针对思想政治教育专业学生本科毕业后不知道思想政治教育是什么、思想政治教育实践能力不足等现实问题,提出以行动和实践性知识为中心,以思想政治教育原论、思想政治教育史论、思想政治教育者论、思想政治教育对象论、思想政治教育内容论、思想政治教育行动原理论、思想政治教育行动过程论、思想政治教育条件论为基本结构建立新的原理体

---

① 孙其昂:《关于"思想政治教育学原理"第三次科学化的思考》,《思想教育研究》2015年第7期。
② 刘建军:《思想政治教育学原理建构中哲学思维的运用》,《思想教育研究》2012年第4期。
③ 刘书林:《思想政治教育学原理专题研究纲要》,人民出版社2018年版,第189—218页。

系。戴锐强调仍然要以教育学为理论资源,充分吸收相关学科中的行动相关性理论,发展"思想政治教育实践学"抑或"思想政治教育行动原理"①。高德胜等人认为应发展应用思想政治教育,围绕"针对谁""教什么"与"如何教"三大问题,"坚持以问题为切入点,由理论转向实务,由泛化说教转向为切实解决社会中出现的小问题、具体问题、特殊群体问题,真正在实践中实现思想政治教育学的当代转向"。② 李艳认为着眼于应用并从学理方面凸显实践理性是近年来思想政治教育研究的重大成绩,"在我们对社会文化历史的宏观视域中置入一个内在的、微观的、动态的、效用的、生活的大众层面,形成一种旨在中国特色社会主义的内在价值主导的应用于日常思想政治工作的方略"。③她认为应用思想政治教育通过解决意识形态的顶层设计与大众共识的形成问题,有助于实现学科发展、解决实际问题,增强说服力、影响力、生命力及战斗力。

四　立足自身实践发现和提炼思想政治教育学原理

思想政治教育是面向现实以传播和应用意识形态为导向解决政治认同和价值认同问题的实践活动,面对深刻的理论教育教学问题和复杂的宣传教育问题,学科发展有其独特的理论逻辑和实践逻辑,它来源于实践又服务于现实,学科发展的水平也在于能否完成时代所提出的实践要求、经受住事实的考验:"学术研究来源于事实、植根于事实、服务于事实,最终又接受事实的检验。判断一项学术研究的价值,不在于它依据了多少书本,而在于它依据了多少事实;衡量一项

---

① 戴锐、韩聪颖:《面向行动的思想政治教育学原理体系擘划》,《思想理论教育》2017年第2期。
② 高德胜、王瑶、张耀灿:《思想政治教育学的当代转向——应用思想政治教育的内涵与特征》,《思想教育研究》2018年第5期。
③ 李艳:《应用思想政治教育研究的内在规定及学理特征》,《东北师大学报》(哲学社会科学版)2018年第1期。

思想政治教育学原理体系新形态的探索与建构

学术成果的水平,不在于它引用了多少文章,而在于它是否符合事实。离开事实,既无所谓理论、更无所谓创新。"[1] 由于理论与实践的长期疏离,思想政治教育研究中弥漫着一种远离事实、脱离实践、凭空想象、自我推理、迷信演绎、苛求逻辑的形而上的研究风气,在一定程度上淡忘了学科体系之外的现实世界,忽略了学科建设的初心、目的和实质性追求,致使知识生产环境和生产路径的平面化、形式化、单一化和零散化,也导致这套思想政治教育学原理在实践过程中大多数都用不上,阻碍了新时代重建思想政治教育学原理的想象力和生命力。

新时代思想政治教育研究对于理论主题、概念共识、学科架构、话语体系、运行规律、政策体系、研究方法、质量评价等议题通过从理论到实践的双向建构与反哺,系统深入分析事实和问题,做事实和问题的提供者、发现者、加工者、提炼者,钻研问题、吃透事实,贴近思想政治教育现象本身,不断走进教育现场,在新时代精神文化氛围中增强实践意识和解决实际问题的能力,坚持全球视野与中国意识,研究主题上坚持主流集中与深化分支,研究方法上坚持规范分析与具体论证,为思想政治教育学原理的创新发展形成更辽阔的共识空间和话语平台。

作者:

王颖(首都师范大学马克思主义学院副教授,研究方向为思想政治教育基础理论)

---

[1] 钱乘旦:《学术研究须植根于事实》,《光明日报》2018年4月16日。

新时代大学生形势与政策教育智慧化研究[*]

王建洲

2019年2月，中共中央、国务院印发了《中国教育现代化2035》，明确要求："利用现代技术加快推动人才培养模式改革，实现规模化教育与个性化培养的有机结合。"[①] 同时下发《加快推进教育现代化实施方案（2018—2022年）》，进一步要求："提升高等学校思想政治工作质量。将思想政治工作体系贯穿于学科体系、教学体系、教材体系、管理体系当中，深入构建一体化育人体系。"[②] 紧接着，习近平总书记于3月18日主持召开学校思政课教师座谈会并指出："推动思想政治理论课改革创新，要不断增强思政课的思想性、理论性和亲和力、针对性。"[③] 在高校思想政治工作体系中，大学生形势与政策教育的"理论武装时效性、释疑解惑针对性、教育引导综

---

[*] 本文系2018年度河北省高等人文社会科学研究青年基金项目"新时代大学生形势与政策教育智慧化研究"（项目批准号：SQ181117）；教育部2018年度示范马克思主义学院和优秀教学科研团队建设项目重点选题"改革开放40年高校思想政治理论课建设经验研究"（项目批准号：18JDSZK019）的研究成果。

[①] 《中共中央国务院印发〈中国教育现代化2035〉》，《人民日报》2019年2月24日。

[②] 《中办国办印发〈加快推进教育现代化实施方案（2018—2022年）〉》，《人民日报》2019年2月24日。

[③] 习近平：《用新时代中国特色社会主义思想铸魂育人 贯彻党的教育方针落实立德树人根本任务》，《人民日报》2019年3月19日。

合性都很强"①，发挥着特殊的育人功效。因此，在中国特色社会主义新时代，推进大学生形势与政策教育智慧化发展，对于提升整个高校思想政治工作体系的立德树人功效具有极为关键的重要作用。

一 新时代大学生形势与政策教育智慧化的丰富内涵

从政治实践来看，形势与政策教育存在于世界各国和各政党的思想政治教育活动中。"形势与政策教育是实现执政党和政府的政策目标的关键环节和重要工具，是引导公民认知、理解、接受执政党和政府的政策，进而形成对执政党和政府的政策认同和支持，提高执政党政策的执行力和政府公信力的重要途径。"② 从教育本质上说，我国高校的形势与政策教育是立德树人工作，用"最深厚的精神动力资源"③ 为高校学生提供最新的理论武装、思想观念、精神动力、思维模式，不断提升受教育者的政治觉悟、思想境界、理论水平、道德品质和法治素养，引导当代大学生成长为有理想有本领有担当的时代新人。随着移动互联网、大数据、云计算、人工智能以及心理科学、行为科学、学习科学等现代科技成果在形势与政策教育领域的广泛应用和深度融合，大学生形势与政策教育智慧化程度不断提高，其时代内涵更加丰富。

1. 教育形式：从数字化教育走向智慧化育人

智慧化教育是升级版的智能化教育，是智能化教育深化发展的必然结果。在信息化教育的早期阶段，主要表现为数字化教育。20世纪末"数字地球"（Digital Earth）概念的提出及其在教育领域的不断

---

① 《教育部关于加强新时代高校"形势与政策"课建设的若干意见》，2018年4月27日，中国政府网，http://www.gov.cn/xinwen/2018-04/27/content_5286310.htm。
② 李斌雄、蒋芸中：《高校学生形势与政策教育引论》，中国文史出版社2014年版。
③ 张澍军：《德育哲学引论》，中国社会科学出版社2008年版。

应用，产生了数字化教育、数字化学习等新理念。2008年，时任IBM首席执行官的彭明盛第一次提出"智慧地球"（Smart Planet）概念，并将其创造性地应用在教育领域，随之提出了"智慧教育"（Wisdom Education）概念，并对"智慧教育"进行了内涵界定：对育人资源集中管理、精准分配，并实时统计分析；以学生为中心设计教学活动，重视个体学习与个性发展；多样化、有温度的互动式、体验式教学；对教学、管理和服务流程实施智能化的决策和管理；全天候、各地域共享精品教育资源。在这些新理念的影响下，我国许多学校和培训机构积极探索智慧化教育、智慧化课堂、网络在线教学新模式。2016年，我国教育部第一次提出智慧校园建设与应用，意欲将信息化教育推向智慧化教育阶段。作为高等教育的重要组成部分，大学生形势与政策教育智慧化是利用前沿科学技术，逐步创建"为全体学生精准服务"的育人模式，为大学生提供高效、精准的形势与政策教育服务。推进形势与政策智慧化的近期目标，主要是实现智慧的教和智慧的学，确保每名学生都能激发自身个性化潜质，实现自由而全面的发展。

2. 育人时空：从固定化场所转向全时空学习

推进智慧化的形势与政策教育，需要为学习者创建和提供全时空的学习环境。全时空学习环境要实现四个维度的流程再造：第一，坚持"以学定教"原则，育人决策数据化，借助大数据精准地掌握学情；第二，坚持"以评促改"原则，诊断与评价贯穿育人全过程并及时反馈，促进教育教学即时改进；第三，坚持"教学相长"原则，通过智能手机及其相关设备，进行全时空的交流互动，实现交流互动立体化，促进协作学习；第四，坚持"因材施教"原则，根据每个学生的不同需求，有计划、分步骤地推送个性化的学习资料和微课视频。

在育人时空发生转换的情形下，全时空学习理论还为大学阶段的"全程育人"向两头延伸提供了可能。一方面，"全程育人"可以适当向前延伸至大学新生入学前刚刚被录取时。这时候的准大学生对大学充满好奇和向往，如果时时推送一些学习资料，将会收到惊奇的育人效果。另一方面，"全程育人"可以适当向后延伸至大学生毕业后的若干年。大学生毕业离校后，将会对母校逐渐产生深深的眷恋和美好的回忆，如果定期推送一些学习资料，也将会收到意想不到的育人效果。

3. 教学理念：从经验性教学转向证据性教育

随着育人大数据技术的广泛应用，传统经验性教学正在向证据性教育转变。第一，大数据是"互联网＋"时代形势与政策教育智慧化的关键要素。全时空动态数据分析是构建形势与政策教育智慧课堂的数据特色，这就使形势与政策教育的实证性特征越来越突出。第二，在形势与政策教学的各环节都会产生各种类型的育人数据。这些数据来源于数字化教与学的全过程，是对学情的重要反映指标。第三，通过育人数据的全时空采集和汇聚，准确了解学生对形势与政策理解和掌握的程度。在育人过程中实现证据性教育，这也正是我们梦寐以求的未来教育的理性形态。

4. 培养方式：从标准化培养转向个性化学习

在传统的工业化时代，为了适应生产模式的规模化、任务化、程序化、标准化，高等教育的培养目标是基础知识扎实、严格服从管理、大批量的标准化人才。而在"大众创业、万众创新"的新时代，由于生产过程已经转变为集成化、个性化、自动化的智能制造模式，高校的育人目标相应就转变为个性化、能创新的复合型人才。在这种情形下，智慧化的形势与政策教育要利用大数据、互联网、物联网、人工智能等高精端技术开展个性化的育人工作。

这样的个性化育人工作，倡导教与学的个性化和多样性：第一，教学内容个性化，依据学生信息库的数据记录，运用心理学的相关原理，科学设计适度的教学内容和教学进度，以精准满足学生个性化的成长需求；第二，育人方法个性化，依据教育学的基本原理，基于日常行为、学习过程和思想动态的数据分析,分析每一个学生的个体差异,采取不同的育人策略和工作方法,切实做到因材施教;第三,学习情境个性化,应用职业生涯教练技术,对学习情境进行个性化设计,运用各种新媒体新技术组织个性化的教学体验和素质拓展活动,在"三人同行,必有我师"中携手共进。

5. 课堂结构:从翻转性课堂转向结构性教学

在信息技术的早期阶段,许多学校探索应用微视频进行"翻转课堂"教学,实行"先学后教"。学生在课前观看教学视频,在课中进行讨论,将传统的课后"知识内化"提前到课中来实现,以此增强课堂教学实效性。在信息技术的智慧化阶段,"互联网+课堂"促进了教学结构性变革。

由于形势与政策教育的时效性、针对性和综合性均较强,这种"结构性变革"的教学关系对学生成长成才,具有极端重要的推动作用。在"先学后教"的基础上,智慧化的形势与政策教育要求进一步实现"以学定教",把育人模式由"流程的颠倒"升级到"结构性变革",形成了"互联网+大数据"的育人模式,将单纯以教师为主导的传统教学结构,优化重塑为"以学生为中心、以教师为主导、主导与主体相结合"的新型教学结构,熏陶和感染学生主动理解复杂多变的形势、精准掌握大政方针政策。

二 新时代大学生形势与政策教育智慧化的基本规律

"智慧(智能)技术是由物联网、大数据、人工智能等技术构成,其主要特点是能提供精准化、个性化、人性化、智能化以及虚拟现实化的服务。"[①] 大学生形势与政策教育智慧化是对智慧时代的新

---

① 娄霄霄、王灿发:《智慧时代新闻伦理议题的创新维度及实施策略》,《新闻爱好者》2018年第8期。

形势、新要求、新变化做出的积极回应，形势与政策教育智慧化模式的建构适应智慧时代形势与政策教育内生发展的客观要求，呈现出新时代形势与政策教育智慧化的基本规律，深度推进着大学生形势与政策教育的知识传播和价值引领。

1. 协同效应：立德树人于合力

在智慧时代，形势与政策教育智慧化模式更加凸显协同联动效应，亟需打破各系统形势与政策教育数据条块分割的局面，为形势与政策教育实施资源共享、精准服务提供有利条件，推动"大思政"育人体系的整体性建构。具体来讲，大学生形势与政策教育做好"顶层设计"，使各形势与政策教育系统之间呈现出综合立体育人新格局。特别是在"为谁培养人"这个根本问题上，形势与政策教育相关部门要发挥协同效应，形成育人合力，达到形势与政策"全天候""无死角"的育人效果。

2. 信息共享：满足需求于精准

形势与政策教育智慧化的运行基础是各支流形势与政策教育信息流的畅通无阻，如此得以确保形势与政策教育各级主体及机构的形势与政策教育服务与学生需求之间的"精准对接"，并使每个形势与政策教育系统内部的信息均实现沟通与共享，最大限度地满足处于动态变化的学生内在需求，着力解决好"怎样培养人"这个根本问题。借助大数据量化技术，通过搜集和整合学生在思想动态、日常行为、学习科研、社交管理等成长环节的数据，为学生建立学习进度"坐标图"，充分透析和揭示形势与政策教育全过程不同要素的逻辑层次性和学生发展需求的适度张力规律，使各系统能够可视化地把握学生成长需求的满足程度，实施"量身定做"的个性化教育。

3. 资源整合：文化育人于无形

在"互联网+大数据"育人模式下，大学生形势与政策教育主体采用新技术、新方法和新载体，正在解决传统形势与政策教育过程中资源支离破碎、内容陈旧重复等常见性问题。处于形势与政策教育过程中的各系统，专注于形势与政策育人工作，按照当代青年学生的代际特征和个性心理进行更有价值的专业设计和教学创造，深度挖掘形势与政策教育教学资源，提升形势与政策教育的核心竞争力。

4. 即时响应：育人效果于可视

在大数据时代，形势与政策育人方式要从主要面向"大众化"转向关注"个体化"的育人策略，使形势与政策教育对象得到针对性的教育体验，力求让每一个学生都能够产生"形势与政策学习的获得感"，着力解决好"培养什么人"这个基础性问题。基于大数据的智能系统，形势与政策教育者要深度分析和广泛挖掘教育教学过程中形成的海量数据，使教育主体和教育客体都能依据"会说话的数据"实现自我认知，从而精确诊断学情问题与走势，依据学情优化育人方案，推送优质资源，改进育人活动，大幅提升大学生形势与政策教育的人才培养能力。

三 新时代大学生形势与政策教育智慧化的发展策略

形势与政策教育是一门常讲常新的不断变化发展的育人领域，绝不能满足于现状，而是要领会构建智慧化教育模式的实质和精髓，用现代育人理念有效调控各教育节点，使其育人系统不断优化、运转有序，不断促进形势与政策育人效益最大化。

1. 创新供需平衡机制，发挥育人协同效应

当前，大学生形势与政策教育系统内部存在的各条育人战线及其运行模式，尚处在自发状态。形势与政策教育的大部分活动仅是马克思主义学院及相关部门内部相对独立地运行，未能及时、精准、全面把握学生发展需求和形势与政策教育服务质量。高校必须依据时代要求对形势与政策教育各环节育人流程重塑再造，持续提升形势与政策教育整体水平。在高校实施形势与政策教育升级重塑中，要努力协调

好形势与政策教育内部各环节的供需平衡，要站在社会发展全局的高度，不断提升学生需求满足的速度和质量，制定出符合形势与政策教育发展目标和服务管理运行的科学战略，优化教育成本，增强教育效果。

2. 创建网络教育集群，实现资源精准共享

为了实现整合核心资源的目的，形势与政策教育要实施一体化集成管理，通过建立网络教育集群，提高形势与政策教育的整体实力。从形势与政策教育的整体性出发，在注重形势与政策教育各环节间联动互通的基础上，充分利用现代教育技术手段，建好网络教育集群平台。首先，坚持以习近平新时代中国特色社会主义思想为理论武器，善于提炼形势与政策教育理论的标识性概念和论断。强化问题意识，以现实问题为切入点渗透到各个专题讲座中，特别是在各个专题的教育教学中以社会主义核心价值观为引领，教育实现教学融合、资源整合、理论粘合，发挥形势与政策教育理论在其他各个专业教育教学中的思想引领和理论解释作用。其次，组建课程思政集群科研团队，开展专业学科和形势与政策两者之间的交叉创新研究，将形势与政策的相关内容内化为专业课教师的话语体系，强力推进形势与政策教育与各个专业的相互融通、价值转化和文化传播，为学生扣好人生的每一粒扣子打好坚实的思想基础。

3. 完善教育信息平台，全面拓展学习场域

开展形势与政策教育实践的"初心"，就是为党和人民培养建设者和接班人。而要如何培养建设者和接班人呢？尊重当代大学生的代际特征和成长规律，依据学生需求开展育人工作是立德树人的重点所在，也是"怎样培养人"的关键依据。在新时代，大数据、云平台、云计算等高新科技能够对学生进行全时空的信息覆盖，形势与政策教育中各环节能够随时关注学生的各种需求和思想变化，因事、因时、因势及时调整与不断更新育人方案，积极促进育人环节之间紧密衔接，确保形势与政策教育运行的良性循环。

同时，高校要充分借助现今强大的科技能力，通过全育人学习场域使形势与政策教育信息流集成化，建立起以网络为平台的全育人学习场域，实现全时空育人的高效运作，方便形势与政策教育主体快速查阅、调取学生的各方面数据信息，从而精准把握学生需求的阶段性变化，以满足不同阶段的学生对形势与政策教育的需要。这里需要指出的是，全育人学习场域必须走出校园，走进社区、联通家庭，搭建育人大格局。在此基础上，我们还要及时筛查教育运行中的深层次问题，从内容宣传、信息传播和教学互动的全过程做出快速回应，提高形势与政策教育价值转化的效率。

4. 健全过程考核机制，激发教学发展动力

形势与政策教学考核不是最终目的，而是促进师生在形势与政策教与学的过程中自我精准定位和综合素质提升的一种有效手段。所以，高校一定要利用"互联网＋大数据"，建立健全形势与政策教学过程考核机制，切实发挥考核过程和考评结果的导向和促进功能。对于高校来说，通过过程考核评价，不仅可以树立典型、弘扬先进，还可以彻底查摆问题，深入分析原因，从而有利于完善后续的教育计划和确定工作重心；对于形势与政策教育主体来说，考核评价能促进他们更好地进行工作总结和自我反思，在反思中改进，在改进中提高。

在形势与政策学习与考核过程中，高校还要根据学生个性化特点，参考目前正在全国迅速推广的"学习强国"学习平台的运行模式，为每一位学生建立形势与政策学习情况"坐标图"：在横轴上与朋辈群体相比，以可视化的方式找准自己的优势与不足；在纵轴上，与自身以往考核结果相比，以数据化方式明确自己的进步幅度、停滞时间甚至是衰退程度。只有在"坐标图"上找准了自己的定位，学生才能自我认知更加明晰，直观感知自身已有的专长和亟需补齐的"短板"，这就有利促进学生进行自我生涯规划，在形势与政策学习中有更多的获得感和幸福感。

总之，大学生形势与政策教育智慧化就是利用现代信息技术激活

各类育人资源,将思想、政治、道德、法治、心理等形势与政策教育内容输送给教育对象,打造立体化综合性的形势与政策育人体系,深度满足社会发展和学生自身的双向需求,并显著增强形势与政策的价值转化和释惑解疑的功效,有利引导时代新人的全面发展。

作者:

王建洲 [法学博士,燕山大学马克思主义学院讲师,硕士生导师,北京高校中国特色特色社会主义理论研究协同创新中心(清华大学)研究员,从事网络思想政治教育研究]

新时代《中国近现代史纲要》课程教学改革思考

葛晓萍

《中国近现代史纲要》课程（以下简称"《纲要》课"）是中国高等学校进行马克思主义理论教育的一门必修的思想政治理论课，其目的是通过课程学习，使学生了解中国的国史、国情，阐释"四个选择"的历史必然性。新时代，高校思想政治理论课在发挥其对大学生思想政治理论教育主渠道作用的同时，还应适应新的时代特点。《纲要》课教师也应在教学中进行改革创新的思考，在教学内容中融入新的马克思主义中国化理论成果，尤其是融入"习近平新时代中国特色社会主义思想"内容，使得《纲要》课内容与时俱进，适应时代发展特点；在教学方式上强化学生的学习主动性，利用新媒体宣传时代思想，促使思政课教学亲和力、吸引力和感染力得到进一步提升，提高课程的教育及政治思想功能。

一 树立正确历史观，强化"认同"意识

习近平总书记多次谈论过"历史"，在纪念毛泽东同志诞辰120周年座谈会上的讲话中，他说："历史就是历史，历史不能任意选择，一个民族的历史是一个民族安身立命的基础。……历史总是向前发展的，我们总结和吸取历史教训，目的是以史为鉴、更好前进。"在联

新时代《中国近现代史纲要》课程教学改革思考

合国大会发表主旨演讲时,他说:"历史是一面镜子。以史为鉴,才能避免重蹈覆辙。对历史,我们要心怀敬畏、心怀良知。历史无法改变,但未来可以塑造。铭记历史,不是为了延续仇恨,而是要共同引以为戒。传承历史,不是为了纠结过去,而是要开创未来,让和平的薪火代代相传。"

《中国近现代史纲要》课程兼具历史课与政治课的双重特点,其教学目的是要着重阐释"四个选择"的历史必然性,即历史和人民是如何选择马克思主义指导、中国共产党领导、走社会主义道路和改革开放的。在一定意义而言,一部中国近现代历史,就是中国人民探索、寻找、选择、坚持"四个选择"的历史过程。而大学生对"四个选择"的认同更是实现其树立对"习近平新时代中国特色社会主义思想"理论自信和制度自信的基础。

考虑到大学教育与中学教育阶段历史知识的衔接,也为了避免课程的重复和增强学生的学习积极性,《纲要》课的教学侧重点并非是具体历史知识的讲授,而是通过历史线索梳理与专题教育相结合的方式,提纲挈领地讲述历史逻辑,让学生在"了解国史、国情"的基础上,深刻体会历史和人民是如何进行"四个选择"的。进而培育大学生对于"四个选择"的认同,帮助他们建立对中国特色社会主义的道路自信和理论自信。

二 在教学内容上新时代精神的融入

《纲要》课教师把习近平总书记系列重要讲话精神融入教学之中,可以使新时代的大学生能够及时领会党中央的指示精神及国家发展对人才的要求,有效激发大学生的学习积极性和历史责任感,进一步加强育人成效。

在《纲要》课的教学内容上,从上编综述一直到第十一章,始终有一个教学主线贯穿教学内容,就是"实现中华民族的伟大复兴"。

习近平总书记在党的十九大报告中指出,"鸦片战争后,中国陷入内忧外患的黑暗境地,中国人民经历了战乱频仍、山河破碎、民不聊生的深重苦难"。"实现中华民族伟大复兴是近代以来中华民族最伟大的梦想。"这个梦想,习近平主席在联合国教科文组织总部的演讲中指出,"就是要实现国家富强、民族振兴、人民幸福,既深深体现了今天中国人的理想,也深深反映了中国人自古以来不懈追求进步的光荣传统"。这一伟大梦想,正是中国近代以来历史发展的主题主线,是近代以来中华民族探索、选择奋斗的根本成就,是历史和人民做出"四个选择"的最直接体现。

在上编综述和第一章中就可融入"中华民族伟大复兴"的内容,尤其是结合近代中国的主要社会矛盾和主要历史任务来讲解。长期以来,中华民族走在了世界文明发展的前列。然而,随着西方资本主义生产关系的产生,工业革命之后的西方列强用坚船利炮强行攻破大清帝国封闭的大门,中华民族遭遇了数千年未有之变局,中国陷入半殖民地半封建社会深渊。中华民族是不屈的民族,在压迫和屈辱中,民族意识与民族精神开始觉醒,中国人开始踏上寻梦历程。

第二章和第三章的内容着重解读"探索民族复兴"的第一条路径:向西方学习的阶段。党的十九大报告指出:"为了民族复兴,无数仁人志士不屈不挠、前仆后继,进行了可歌可泣的斗争,进行了各式各样的尝试,但终究未能改变旧中国的社会性质和中国人民的悲惨命运。"太平天国农民斗争、洋务运动、维新变法、辛亥革命等,这些路径的探索为何走不通,仁人志士的流血和牺牲对中国的影响,这些要重点解读,从失败的经验和教训中为之后的"四个选择"打下伏笔,奠定理论依据。

第四章、第五章的内容回答了历史和人民的"两个选择",即选择了马克思主义指导、选择了中国共产党的领导,中国人民找到了实现"民族复兴"的新道路,找到了正确的指导思想。这些内容可结合党的十九大主题"不忘初心,牢记使命",通过解读当时的中国历史背景和中共一大通过的《中国共产党第一个纲领》，阐释清楚何为中国共产党的"初心"、党的历史使命是什么。中国共产党真正把中国人民和中华民族带上实现"中华民族伟大复兴"的人间正道。从而让学生深刻理解选择和坚持中国共产党领导的重要性。

第六章、第七章内容要把握民族独立是"实现民族复兴"的关键所在。从抗日战争到进行自卫战争、土地改革、新中国的成立，中国共产党作为中流砥柱，带领全国人民进行艰苦卓绝的斗争，完成了新民主主义革命，成立了中华人民共和国。从而让大学生理解只有中国共产党才能完成民族独立和人民解放的第一历史任务，从而完成了实现民族伟大复兴的关键一步，使得中国人民真正"站起来"。

第八章、第九章让学生掌握历史和人民的"第三个选择"，即选择社会主义道路。对社会主义道路的探索和发展，马克思主义理论与中国实际的"第二次结合"，也是"实现中华民族伟大复兴"的第二步。中国人民要从"站起来"走向"富起来"，经历了社会主义建设的曲折探索，也要讲清楚这一时期探索的成果和建设的成就，为后面的中国特色社会主义道路打下基础。

第十章、十一章让学生掌握历史和人民的"第四个选择"，即选择改革开放。中国人民经历了"富起来"的历史过程，还要"强起来"，真正实现"民族的伟大复兴"。可讲述中国特色社会主义发展的历史线索、历史过程、历史成就和重大历史事件；讲授新时代的涵义及其标志，中国社会主要矛盾的转化；解读"习近平新时代中国特色社会主义思想"产生的历史条件和历史过程。

在学习每章的课程教学内容前，给学生提供和布置课前预习，阅读一些相关的经典著作和文章，可以加深学生对学习内容的理解。这里的经典导读，既包括党的最新理论成果，如党的十九大报告、习近平总书记系列重要讲话精神，也可以包括马克思主义的一些文献论述，例如上编综述可以阅读习近平总书记关于"中国梦"和"民族复兴"的系列重要讲话；第十章可以学习中共十一届三中全会《公报》等。

三　在实践教学中新时代思想"入脑""入心"

《中国近现代史纲要》课的实践教学部分，是课堂教学的必要延伸，是理论联系实际的重要环节，是课堂教学的继续、延伸和深化，也是检验课堂教学效果的有效手段。在《纲要》课开展具有可参与性的实践性育人活动，增强学生对课堂教学内容的理解。并且把社会实践和历史教育结合在一起，使大学生在实践活动中学习历史知识、提升各方面素质，弘扬爱国精神，调动学生的学习积极性，培养学生的社会责任感。在实践教学中融入新时代思想，使得"习近平新时代中国特色社会主义思想"在教学中不只"进课堂"，还要让学生"进头脑"。

首先，提升学生对学习历史和参与实践的兴趣非常重要。有了兴趣，学生就会更加关注教学和实践内容，实践教学质量也会随之提高。研究发现，人们往往对现实社会表现的兴趣更大些，对身边的事情更是如此。因为，现实社会更加具体、直观，可以在生活环境中直接感知，从而激发学生探究的兴趣。因此，在《纲要》课的实践教学活动中，可以让学生设计或者参与一些与现实相关的活动。例如，每年总结一些周年纪念，供学生们选择。如2019年是中华人民共和国成立70周年、也是五四运动100周年。学生们组织和设计各种实践活动，有的拍五四运动的历史剧，有的搜集资料学习新中国伟大成就，有的绘画做宣传，有的组织演讲竞赛，等等。使得学生积极性很高，在活动中加深了对所学知识的理解。

其次，可以让学生进行社会变迁的历史考察，在学校或利用假期在自己家乡展开调查。学生在调研中加深了对自己家乡和学校变迁史的了解，激发了学生对家乡或学校的热爱，也锻炼了自己设计问卷、查阅资料以及与人交际的能力，学生的心得体会也最真实有用。另外，对革命前辈的走访，对爱国基地的考察，对农村或社区的调查等方式，也可以增强大学生的社会责任感，不断提高高校学生参加实践教学的兴趣和活力。在这种实践与现实的结合中，学生们了解了国情，亲身体验到国家相关制度或政策的重要性，在思想上更加认同社会主义核心价值观，也加深对《纲要》课本上学习内容的理解和应用，从而提高自身的理论知识和思想素质。

最后，还可以发挥地方历史文化资源在《纲要》课实践教学中的应用价值。有很多地方有自己的历史特色、风土人情、遗迹文物等。可以组织学生对学校或者家乡丰富多彩的地方历史文化资源进行考察和学习，这些宝贵的历史文化资源吸引着大学生们，使他们见证历史，学习革命精神，了解国史国情，增强对中国近现代历史发展轨迹的理性认知。参观、考察回来后，不能简单结束，还要要求学生讨论、总结或写成考察报告，以强化参观学习的效果。有些学生会把参观活动的照片或录像制作成小视频。这种方法，不仅让学生积累学习了历史知识，而且能深化学生对历史的认识，增强《纲要》课的吸引力，切实提高实践教学的效果。

另外，校园是学生们学习活动的主要场所，《纲要》课实践教学，也要注意和校园活动结合起来。通过采取丰富多彩的系列校园实践活动，既学习了知识，又锻炼了学生们的组织能力、表达能力、做事能力、创新能力、交际能力等。例如可以采取在教室里主题演讲、主题诗朗诵、唱响革命歌曲等形式进行主题实践活动；也可以让学生们搜集资料，举行历史知识竞赛活动；可以让学生自拍自导自演历史剧；还可以让学生们在校园里开展历史知识宣传等活动。这些活动丰富了学生的校园生活，使学生在娱乐中学到了知识，锻炼了能力，因此学生们参加得比较踊跃。

四 利用新媒体进行新时代思想教育

利用新媒体来宣传新时代思想，结合《纲要》课教学内容与学生互动。与传统思想政治教育模式不同，以互联网、手机等为载体的新媒体在传播的手段上开始由个性参与转为交流互动。新媒体所具有的参与和互动体验的优势，使得教育从一对多的单向传递转换为多对多的交流互动，从被动接受转化为主动参与。高校教师可以利用互联网开辟大学生思想政治工作新阵地。例如在学校建立高校历史教育的专题网站，借助网络新媒体进行历史和思想政治教育。学校的主流网站把马克思主义的创新理论、党和国家的方针政策、学生关注的热点话题和校园文化活动等通过专题网站和网页及时传递给学生，让广大青年学生在阅读文章、观看图片、欣赏视频、读帖、发帖过程中受到启发和思想教育。多层次的文章、图文并茂的资料，使大学生可以在放松的心情下，潜移默化地接受教育者的观点。用正确、积极、健康的思想文化占领网络阵地，切实帮助大学生树立正确的世界观、人生观和价值观，以主流信息的强大攻势对大学生进行生动活泼的思想政治教育。

《纲要》课教师还应广泛利用多媒体网络技术，通过网络实现高校《纲要》课教学新渠道的改革和创新。如对"慕课""翻转课堂"等网络教学模式的探索，通过视频课堂、答疑解惑等方式进行传输，努力实现学生可以在课下随时观看播出的教学内容，不断增大教学内容的覆盖面和辐射面，不断增强教学效果的影响力和吸引力。

让学生利用新媒体制作各种形式的相关课程内容，自己对某些历史事件进行讲解，也可以加强《纲要》课学习的动力和效果。例如可以在课堂上用 PPT 让学生讲解中国共产党是如何在不忘初心、艰苦奋斗中完成历史使命的，以及在长期的民主主义革命时期形成的井冈山精神、长征精神、抗战精神、西柏坡精神等。也可以组成历史学习小组进行课程内容讨论、辩论、演讲或制作微电影、微视频等。

总之，新时代思政课有了新的特点和要求，《纲要》课教师也要结合时代背景，在教学中全面正确地宣讲和阐释习近平新时代中国特色社会主义思想，充分发挥思想政治理论课的主渠道作用。让大学生在课程学习中深入理解党和国家的治国理政方略，坚定中国特色社会主义道路自信、理论自信、制度自信、文化自信。

作者：

葛晓萍（历史学博士，河北科技大学马克思主义学院副教授）

社会主义核心价值观

当代中国价值观对外传播的文化优势*

朱晨静

中华文化历经数千年发展，孕育了丰富的价值理念、文化智慧和精神气度，是中华民族繁衍生息的精神动力，也是当代中国价值观对外传播的文化优势。这一文化优势突出体现在中华文化蕴含的丰富人类共同价值。众所周知，在人类漫长的历史发展过程中，不同民族、不同国家，生成、发展了不同的文化体系。不同文化体系各有其独特之处，但也因面对相同的时代背景、基于相同或类似的实践课题，累积了一些可以相互融通的经验或文化因子。这些可以相互融通的、超越民族国家界限、可以适用于全人类的共同的价值观念或共同理想，就是我们所说的共同价值。这些共同价值，是中华优秀传统文化的丰厚底蕴和集中表达，也是人类文明发展的宝贵精神财富，能够为人们认识和改造世界提供思想借鉴和价值指引。

一 天人合一的整体观

"天人合一"是中华优秀传统文化中一个含蕴极为丰富、复杂的思想观念，内含着人们对天人关系、天道与人道、主观与客观的不懈

---

* 本文系国家社科基金一般项目"文化软实力建设视角下当代中国价值观念对外传播战略与策略研究"（项目批准号：15BKS090）的阶段性成果。

追求与融会贯通,是中华文化对世界文化的重要贡献之一,也是中华文化中最具普适性的思想观念。从历史上看,天人合一观念最早由庄子阐述,后经儒释道等各家学说的不同演绎,进而发展成一个意蕴广远的哲学思想体系。

(一) 道家的天人合一观念

在道家的思想体系中,天即自然,人只是自然的一部分,需要效法自然、顺从自然而存在。老子以此创立了以"道"为本源的自然观,宣称"人法地,地法天,天法道,道法自然"[1],强调天地人各有其道,人作为自然的产物,应遵从于天道法则,以天道、自然为依归,而不是以人为依归。在天—人关系中,这实际上是以人来合天的思想。在此基础上,老子的继承者庄子进一步阐发了"天人合一"观念。庄子认为:"有人,天也;有天,亦天也","天地者,万物之父母也"。[2] 意思是说,天人本来是合一的,天地乃万物之母,所以,人道应该顺从天道,不要将人力过多强加到天地自然身上,只有这样才能实现"天地与我并生、万物与我为一"[3]的天人合一之境。在这里,庄子明确阐发了以人合天、顺从自然、回归自然的天人合一思想。

及至汉初黄老道学,老庄的"天人合一"思想被进一步发挥。《淮南子·修务训》曰,真正的无为不是"无为者,寂然无声,漠然不动,引之不来,推之不往",而是"夫地势,水东流,人必事焉,然后水潦得谷行;禾稼春生,人必加功焉,故五谷得遂长。'听其自流,待其自生,则鲧、禹之功不立,而后稷之智不用"[4]。也就是说,真正的"无为",并不是无所作为,而是顺从自然,因势利导。可见,在黄老道学这里,天地人是被视为一个整体来考量的,人力不仅要遵从天道,顺

---

[1] 《老子》第 25 章。
[2] 《庄子·达生》。
[3] 《庄子·齐物论》。
[4] 《淮南子·修务训》。

势而为、因势利导，更要保持行为适当，否则，人强胜天，易遭天谴。此后，魏晋玄学兴起，该学派以探究"有、无，何者为世界本体"为基本内容，形成"贵无派"和"崇有派"两大派系。贵无派把"无"当作"有"存在的根据，认为天地万物皆产自无；而崇有派则认为，有是自生的，自生之物不可能以"无"为本体。这是中国哲学史上第一次用抽象思辨的方法形而上地讨论天地万物的本体问题，尤其是在名教与自然的关系上，坚持自然是体、名教是用，基本秉承了道家天人合一、以人合天的朴素自然观，并对融道合儒做了初步尝试，为隋唐以后儒、道、佛三者合融做出了一定贡献。

总体上看，道家的"天人合一、以人配天、道法自然"等思想，与现代生态哲学有异曲同工之向，都强调了尊重自然、回归自然、与自然和谐相处的重要，为解决当今世界人类面临的诸多难题，如生态问题、资源问题、人口问题、环境问题、人的可持续发展等问题提供了思想资源和中国智慧。

（二）不同学派对天人合一思想的拓展与深化

与道家主张的天人合一思想相近，儒家也认为，人与天是相通的，通过仁爱可以实现人与社会、人与自然的和谐统一。孔子主张："仁者爱人"，"仁者以天地万物为一体"；孟子强调"亲亲而仁民，仁民而爱物"；儒家经典著作《易传》中也集中阐发："夫大人者，与天地合其德，与日月合其名明，与四时合其序，与鬼神合其吉凶。先天而天弗违，后天而奉天时。"都强调了人与天是相通的，要把仁爱施于万物，对于自然，人们既要通晓、尊重其变化规律，又要对其加以限制和合理的引导，以使天地合其德行。这一观点既强调了人与天的和谐统一，又看到了人的作用，肯定了人的德行修养在天人合一中的作用。由此不难看出，与道家相比，儒家的天人合一更强调人的能动性，实际上是以天合于人。

隋唐时期，中国佛教盛行，天人合一思想自然也受到了佛家理念

❖❖ 社会主义核心价值观 ❖❖

的影响。佛家讲究缘起论,认为"未曾有一法,不从因缘生,是故一切法,无不是空者"。也就是说,一切事物都是因缘和合而生,凡是因缘聚合,条件具备,事物就出现;条件不具备时,即机缘未到,事物就消失或不存在,这就是"空"。这样看来,佛教虽然主张人世轮回,追求一种超验的现实,但是并不主张世界是由神创造的,也未将希望寄托在来世,而是相信各种因缘、条件聚合的重要性,反对宿命论,鼓励人们因缘生法,创造条件,主宰命运。这样一种世界观和人生观进一步深化了人们对"天—人关系"的认识。佛家的"天人合一",既不同于道家的"以人合天",也不同于先秦儒家的"以天合人",其实质是追求人与自然的平等共生、和谐共荣。

北宋著名的教育家、思想家、理学创始人之一的张载总结了儒家、道家、佛家关于天人关系的学说,博采众家之长,提出并系统论证了具有关学特色的"天人合一"观念。张载认为,天地万物的始基是气,天地与人都是气的不同表现形态,都是气化而来的。故而,天地之性即人之性,"性于人无不善",而气质之性是人后天形成的,受人之欲望、环境的影响,是善恶并存的。是以由"气质之性"到"天地之性",离不开后天的教育、学习以及人的自我修养,去恶养善,穷理尽性,进而实现人道与天道、气质之性与天地之性的合一。由此不难看出,张载以人性的善恶修养来论证天人关系,实际是一种道德修养意义上的天人合一观念,这相对于儒道佛自然观意义上的天人合一思想无疑是一大贡献和突破。对此,朱熹称赞道:"极有功于圣门,有补于后学……前此未曾有人说到此。"[①] 张载的"天人合一"观念基本上得到宋明时期各家各派的认同。晚清的王夫之、戴震又提出了"尽人道以合天德"的理念。总而言之,宋明以后诸学派的"天人合一"观念皆主张通过人的道德修养来体悟"天道"与"人道"的内在关联,以此实现天内在于人、人可通于天的理想。

---

① 《朱子语类》。

◆◆ 当代中国价值观对外传播的文化优势 ◆◆

至此，中国传统文化中"天人合一"思想的博大精深可见一二，它不仅包含了天人合一的自然观、天人合一的宇宙观，还内含了天人合一的社会观和修养观。其中蕴含的"人是自然的一部分，人类既要尊重自然、顺应自然，又要有节制地驾驭自然，与自然和谐共生"的理念，无疑为解决当今人类面临的生态困境提供了价值导引，为克服人类中心主义和工具理性的价值观提供了中国智慧。中国现代著名学者钱穆先生对此评价道："我以为天人合一观，是中国古代文化最古老最有贡献的一种主张……自古以来既能注意到不违背天，不违背自然，且又能与天命自然融合一体。我以为此下世界文化之归趋，恐必将以中国传统文化为宗主。"① 此外，中国古代的天人合一思想还"深深渗透在中国传统文化的各个方面"，不仅"构成中国文化最显著、最本质的特征，成为中国文化的最高理想和基本精神"②，而且也为西方社会克服"商品拜物教"的无限扩张、倡导新的人文精神提供了思想资源。

二　贵和尚中的处世观

中国古代天人合一的思想观念表现在人与社会的关系上，集中体现为人在社会中如何安身立命的问题。对这一问题的回答，形成了中国传统文化中贵和尚中的文化精神。

贵和，是中国文化特有的精神追求。早在西周末年，思想家史伯就提出了"和实生物，同则不继"的命题。在他看来，"以他平他谓之和，故能丰长而物归之，以同裨同，尽乃弃矣"③，意思是说，不同的事物相结合才能产生新事物，如果都是相同的事物，不仅不能产生新事物，旧事物的发展也会停滞不前。在这里，史伯第一次区分了"和"与"同"的关系，"和"不等于"同"，"和"实际是一种多样

---

① 钱穆：《中国文化对人类未来可有的贡献》，《联合报》1990年9月26日。
② 姜义华：《中华文化读本》，上海人民出版社2009年版，第88页。
③ 《国语·郑语》。

的统一。后来，孔子将这一区分引入人际关系的思考中，并提出了"君子和而不同，小人同而不和"的观点，认为君子追求和谐但并不同流合污，反而，小人只求完全一致，不崇尚和谐。孟子强调："天时不如地利，地利不如人和"，坚持把"人和"放在首位。道家主张，乾为阳，坤为阴，阴阳合德方能刚柔并济。墨家倡导"兼相爱，交相利"。荀子也认为，"天地合而万物生，阴阳接而变化起，性伪合而天下治"①。可见，"和"文化在先秦诸学派中备受推崇。之后，和文化不断被赋予新的内涵，政治上追求"大一统"的社会和谐，经济上坚持"不患寡而患不均"的理想，文化上倡导"和而不同，以和为美"的情趣，人际关系上推崇"以和为贵"的准则，夫妻关系上主张"琴瑟之和"的观念，家庭关系上倡导"家和万事兴"等等，皆是和文化的融合贯通。

如果说"和"是中华文化追求的一种理想状态的话，那么，通达这一理想的途径又是什么呢？孔子认为，最根本的途径便是保持中道。《中庸》对此解释为："喜怒哀乐之未发，谓之中；发而皆中节，谓之和。中也者，天下之大本也；和也者，天下之达道也。致中和，天地位焉，万物育焉。"② 意思是说，喜怒哀乐的情绪没有表露出来，就是中；表露出来但合乎法度，即为和。中是天下最为根本的，和是天下共同遵循的法度。达到了中和，天地便各归其位，万物便能生长发育了。在此基础上，孔子进一步解释道："隐恶而扬善，执其两端，用其中于民，其斯以为舜乎。"③ 朱熹注为：中者，不偏不倚、无过无不及；庸，即平常，既不"狂"，也不"狷"。凡事叩其两端而取其中，便是实现"和"的途径。董仲舒反对孔子的"执中"之说，认为"中者，天地之所终始也；而和者，天地之所生成也。夫德莫大

---

① 《荀子·礼论》。
② 《礼记·中庸》。
③ 《礼记·中庸》。

于和，而道莫正于中。中者，天地之美达理也，圣人之所保守也"①。自董仲舒始，中和之道被广泛应用于国家治理、人际关系协调以及人们社会生活的方方面面，并逐渐成为中华民族普遍的社会心理和行为准则。

总体上看，中华文化中"贵和尚中"的文化传统，以及避免过激、注重协调的处世态度和行为准则，对于克服西方文化中"崇力尚争"和个人主义价值取向及其带来的一系列现代性问题具有一定的借鉴意义。就连西方学者也承认，中国的贵和尚中原则"定将成为重要的伦理资源，使我们能在第三个千年实现差别共存于互相尊重"②。不仅如此，中国传统文化中"贵和尚中"的文化特质，还彰显了中华文化"有容乃大""兼容并包"的精神底蕴，这对于全球化日益深化背景下，中华文化走向世界，以更加开放的姿态、更加广阔的包容性，调和异质文化，会通中西文化之长，实现世界文化的多元并存、和谐共生，无疑具有重要的普适意义。

三　协和万邦的天下观

历来在处理国与国之间的对外关系上，历史的经验无非两个：以德服人或以力服人。对于中国而言，几千年如一的选择无疑是前者。历史上，中华民族就是反对武力、爱好和平的民族。中国"和"文化的精髓，不仅体现于对内"贵和尚中"，对外同样追求睦邻友好、协和万邦、天下太平的理想。

协和万邦，是中华民族的优良传统。早在上古时期，中国部落众多，号称"诸侯过万""天下万邦"，矛盾冲突自是不可避免的。那时的先民们是如何处理这些矛盾冲突的呢？据《尚书》记载："曰若稽古，帝尧曰放勋，钦明文思安安，允恭克让，光被四表，

---

① 《春秋繁露·循天之道》。
② 参见乐黛云《21世纪的新人文精神》，《学术月刊》2008年第1期，第12页。

格于上下。克明俊德，以亲九族。九族既睦，平章百姓，百姓昭明，协和万邦，黎民于变时雍。"① 大意是说，考察古代之事，堪称德之表率的君主——尧，又名放勋，他不仅严肃恭谨，明察是非，善于治理天下，而且为人宽厚温和，讲求诚信，恪尽职守，又能谦让。他的品行普照天下，他能够明察有才德之人，使家族和睦。家族和睦了，继而又明察和表彰友善行德的百姓，使百姓明白和睦之礼；百姓都明白了和睦之礼，诸侯之间自然友好和睦，天下因此友善太平，亲如一家。这就是上古明君尧所倡导的"协和万邦"思想，一直被后世称颂、传扬，成为中国沿袭至今的处理民族关系、国家关系的基本原则。

春秋战国时期，诸侯争霸，战争频仍，那时的思想家们深知战争之害，尤其是不义之战，均反对用武力来处理诸侯国之间的关系。孔子倡导仁爱，主张仁政，尤其反对战争。孔子的弟子子路曾问政于孔子，孔子答曰："近者说（悦），远者来。"② 意思很明显，让近处的人欢欣喜悦，远方之人自然愿意归附。孟子同样支持仁政，反对不义之战。"行一不义、杀一不辜而得天下，皆不为也。"③ "争地以战，杀人盈野；争城以战，杀人盈城。此所谓率土地而食人肉，罪不容于死。故善战者服上刑，连诸侯者次之，辟草莱、任土地者次之。"④ 主张给那些为争夺土地、城池而发动战争之人最重的惩罚。同时又指出："得道者多助，失道者寡助。寡助之至，亲戚畔之；多助之至，天下顺之。……故君子有不战，战必胜矣。"⑤ 显而易见，孟子反对的是不义之战，如果是为除暴、安民、防御而不得不进行的正义之战，必然会得到人们的拥护。荀子进一步指

---

① 《尚书·尧典》。
② 《论语·子路》。
③ 《孟子·公孙丑上》。
④ 《孟子·离娄上》。
⑤ 《孟子·公孙丑下》。

当代中国价值观对外传播的文化优势

出:"兵者,所以禁暴除害也,非争夺也。"① 管子也强调:"外内均和,诸侯臣服。国家安宁,不用兵革。"② 墨家主张"兼爱、非攻",同样反对攻伐和战争。由此不难看出,先秦思想家们反对带有侵略性质的不义之战,把"禁暴、除害、安民"视为衡量战争正义与否以及是否发动战争的标准和依据。

这一非攻反战思想对后世影响深远。自秦以后,中国历朝历代的统治者们很少主动发动侵略战争。在处理邻邦关系时,多是主张和平处理,避免武力。就算强盛如唐朝,也没有靠武力侵略他国,反而互通有无,恭迎多方来客,创造了"梦回大唐"的和平盛世。意大利传教士利玛窦对此感慨:"如果我们停下来想一想,就会觉得非常值得注意的是,在这样一个几乎具有无数人口和无限幅员的国家,而各种物产又极为丰富,虽然他们有装备精良的陆军和海军,很容易征服邻近的国家,他们的皇上和人民却从未想过要发动侵略战争。他们很满足于自己有的东西,没有征服的野心。在这方面,他们和欧洲人很不相同,欧洲人常常不满足自己的政府,并贪求别人所有的东西。西方国家似乎被最高统治权的念头消耗得精疲力尽,但他们连老祖宗传给他们的东西都保持不住,而中国人却已经保持了达数千年之久。我仔细研究了中国人长达四千多年的历史,我不得不承认我从未见到有这类征服的记载,也没有听说过他们扩张国界。"③ 英国哲学家罗素来华考察后,也认为:"中国人本质上有一种宽容和友好的态度,他们表现出谦恭有礼,并希望别人礼尚往来。假如中国人选择另一种行为方式,他们可能成为世界上最强大的民族。但是,他们仅仅渴望自由,而不期望统治别人。不过,假如其他民族强迫中国人为自己的自

---

① 《荀子·议兵》。
② 《管子·四称》。
③ [意]利玛窦、[比利时]尼古拉·金尼阁:《中国札记》,何高济等译,中华书局1983年版,第58—59页。

由而战,那么他们完全可能放弃自己的美德,学会做自己命运的主宰。"① 这样的评价出自西方人之口,中华民族爱好和平、协和万邦思想的客观性和普适性无疑是显而易见的。

尤其是在全球化的今天,和平与发展时代主题下的世界并不太平,局部冲突时有发生,民族宗教矛盾层出不穷,安全问题仍然是当今世界的一大威胁。国家主席习近平多次对外宣称:"睦邻友好、协和万邦是我国外交的基本准则。"可以说,这一准则历经几千年的文化积淀,已经融渗到中华民族的血液中,成为中华文化对世界和平的独特贡献。

四 推己及人的道德观

从中西文化对比视角看,中华文化是一种德性文化,注重人伦关系和道德修养,西方文化是一种智性文化,重视理性分析和逻辑力量,这几乎已是不言而喻的共识。尤其是在人与人的关系上,"重道尚德"是中华文化的一大传统。统观中华传统文化中人际交往调节规范,恕道最为古人推崇,儒家更是以恕为一贯之道。这里的"恕",可不是现代意义上"宽恕、原谅"的意思,而是特指儒家的"忠恕"之道,即孔子主张的"己所不欲,勿施于人"的推己及人之道。

对此,《论语》中有两处说明。一是,子贡求教,问曰:"有一言而可以终身行之者乎?"子曰:"其恕乎!己所不欲,勿施于人。"②《论语·颜渊篇》也有记载,仲弓问仁,子曰:"出门如见大宾,使民如承大祭。己所不欲,勿施于人。在邦无怨,在家无怨。"仲弓曰:"雍虽不敏,请事斯语矣!"大意是,仲弓问孔子:"如何处世才能合

---

① [英]伯特兰·罗素:《中国人的性格·中西文明比较》,王正平译,中国工人出版社1993年版,第44页。
② 《论语·卫灵公》。

当代中国价值观对外传播的文化优势

乎仁道?"孔子回答道:"出门与同仁行礼就像见贵客一般,对待百姓亦如大祭一样凝重,自己不喜欢的事不要强加给别人。如此在朝堂就不会招惹谁,私下交往也不会招谁恨。"另一处是,子贡问:"如有博施于民而能济众,何如?可谓仁乎?"子曰:"何事于仁,必也圣乎!尧舜其犹病诸!夫仁者,己欲立而立人,己欲达而达人。能近取譬,可谓仁之方也已。"① 意思是说,仁爱之人,你对别人有仁爱之心,别人才会对你仁爱,你对别人豁达,别人才会对你宽容。在这里,孔子实际上是从两个方面来论证推己及人之道:前者是"己所不欲勿施于人",后者是"己欲立而立人,己欲达而达人",一正一反,有机统一,完整阐释了儒家的恕人之道。

需要指出的是,孔子并不是毫无原则的一味强调将心比心,推己及人。孔子说:"君子有三恕:有君不能事,有臣而求其使,非恕也;有亲不能报,有子而求其孝,非恕也;有兄不能敬,有弟而求其听令,非恕也;士明于此三恕,则可以端身矣!"② 可见,孔子要求,欲行恕,自己先要为人表率,自己做不到尽忠尽孝、兄友弟恭,就没有资格要求别人。在古代,恕与忠经常连用,称为"忠恕"。古人云:为人谋而不忠乎。其意为,为人谋事一定要尽己之力,忠于职守。朱熹在四书集注中注曰:"尽己之谓忠,推己之谓恕。"③ 是以,唯有尽己,方能及人。同样,唯有及人,始能尽己。尽己推人,忠恕一体,共同构成儒家处理人际关系的首要原则。

及至今天,我们生活于其中的世界常常充斥着狡诈欺骗、巧取豪夺、恐怖暴力、倚强凌弱等,凡此种种无一不是自己不欲却强加于人的,也正是因此,"己所不欲,勿施于人"才显得弥足珍贵。1993年世界宗教大会通过了《走向全球伦理宣言》,与会者一致将中国儒家的"己所不欲,勿施于人"奉为道德金律,成为全球不同国家、不

---

① 《论语·雍也》。
② 《荀子·法行》。
③ 《中庸章句》。

同民族以及不同宗教和不同文明背景下的人们都能够认可和接受的伦理标准。

五　自强不息的进取观

自强不息、刚健有为是中华文化中又一具有普适内涵的精神文化。"自强不息"出自《易传》："天行健，君子以自强不息。"天体运行刚健有为，周而复始，不知疲倦。君子处世，同样也应该像天体一样，奋发图强，不断进取，永不放弃。其深层含义表达了中华民族积极进取的人生态度和生生不息的精神特质。

这一观念对后世影响深远。儒家主张积极的人生态度，要求人人要以天下为己任。孔子强调，"发愤忘食，乐以忘忧"，"穷则独善其身，达则兼济天下"；孟子提出"人皆可以为尧舜"，唯有"苦其心志，劳其筋骨，饿其体肤，空乏其身"，才能磨炼人的意志，使其成为"富贵不能淫，威武不能屈，贫贱不能移"的大丈夫。这一精神激励了一代又一代中华儿女：史有司马迁受宫刑，仍奋发图强，终成《史记》；屈原流放，乃赋《离骚》；孙子膑脚，修成《兵法》；岳飞劝诫："莫等闲，白了少年头，空悲切"；蒲松龄落第不落志："有志者，事竟成，破釜沉舟，百二秦关终属楚；苦心人，天不负，卧薪尝胆，三千越甲可吞吴"；这样的事例数不胜数。可以说，自强不息是中华民族和中华文化的根底，是支撑一代代中国人自立于世界民族之林的精神脊梁，是中华文明生生不息、代代相传的力量源泉。统观现今之各民族、国家，在其漫长的历史发展过程中，无不内含着这样的精神动力，正因为如此，自强不息、刚健有为的进取精神应该为世界各民族国家所共享。

综合以上几点，我们不难发现，中华文化不仅有其独特的价值体系，而且蕴含着丰富的具有普遍共性的价值理念，这些共同价值理念使中国价值充满了世界意义，理性审视中国价值的一般属性或普遍共性，是当代中国价值观对外传播的前提和基础。

作者：

朱晨静（法学博士，国际政治学博士后，河北科技大学马克思主义学院副教授，硕士研究生导师）

构境：马克思主义中国化视域中的传统文化现代化[*]

朱光亚

毋庸讳言，中国传统文化在近现代日趋衰落，作为四大文明中唯一幸存的文明，中国传统文化在几千年的人类历史中经历了风风雨雨，虽然没有中断泯灭，但是在人类进入工业化时代后却遭遇了深重危机。然而今天，随着中国经济的迅速发展、科技的长足进步、民族精神的空前高涨，中华民族的伟大复兴似乎在某种程度上达到了最大的国家认同，而在中华民族的伟大复兴中，文化的复兴显得尤为重要。

一 人类文明更替规律与传统文化的衰落

施宾格勒告诉我们，世界上存在着或存在过八种自成体系的文化：埃及文化、巴比伦文化、印度文化、中国文化、古希腊罗马文化、玛雅文化、伊斯兰文化和西欧文化，这八种文化无一例外都经历过或正在经历着蓬勃兴起、茁壮成长、繁荣发展和衰老死亡的过程。在人类文明进程中，由发展到衰落似乎是每一种文化都无法摆脱的宿

---

* 本文系河南省教育厅人文社会科学研究一般项目"中西方哲学知识论中的'形式化'研究"（项目批准号：2019 - ZDJH - 673）的研究成果。

命，其实质乃是人类知识更新规律所带来的必然挑战。康德早就给我们揭示过这个规律，按照康德，"认识之本质乃是知性范畴加工感性材料以构成知识。现象与本体的划界乃是正当运用知性的前提，它只能运用于经验现象而不能僭越认识物自体，因而知性是有限的。但人的认识能力却包含着比知性更高层次的理性，理性既限制知性的范围又指向一个超出知性定在（Dasein）的无限存在（Sein）"[1]，既把知性"引导到全面一致性、完整性和综合统一性上去"[2]，又以理性在它周围看见的新境界诱导知性扩大先天综合判断的范围而带动知性自身的发展，使知性永远向前却永难抵达。这种理性之思的无限性思维为有限的知性认识开辟潜在无限可能性的过程是一个认识无限推进的过程，在此过程中，"凡探索的领域一到产生可用定式精确表述出来的知识，就成为科学"[3]。科学的产生过程表明了人类的认识不可能永远停留在某个层次或者某种水准而止步不前。

然而，对于科学而言，一旦用定式进行精确的表示，它必然形成一个由科学家集团或者科学共同体所共同信奉的范式。在心理上，范式成为科学家共同体共有的信念；在理论和方法上，范式成为科学家共同体共有的模型和框架。这种信念和框架规定了科学家共同体共同的基本理论、基本观点和基本方法，从而形成了该学科共同的传统，并为该学科的共同发展规定了共同的方向。范式是一个科学概念，然而，以科学技术进步为基础的人类文明必然要接受范式的折射，其在发展中将会形成一些文明认知的"硬核"，就像科学纲领禁止对"硬核"提出挑战一样，文明也会千方百计禁止对自身形成挑战。科学研究的纲领内容分作三个部分：最外面的部分是"实验证据"，中间部分是"辅助假说"，"辅助假说"构成"保

---

[1] 牛正兰、李朝东：《实证主义科学观与欧洲人性的危机——胡塞尔现象学意义探析》，《西北师大学报》（社会科学版）1997年第4期。

[2] ［德］康德：《未来形而上学导论》，庞景仁译，商务印书馆1982年版，第137页。

[3] 李朝东：《西方哲学思想》，甘肃人民出版社2000年版，第16页。

护带",最内部分是"硬核"。如同科学纲领一样,文明会以调整"保护带"的方式确保"硬核"不受攻击,并完全拒绝把"硬核"部分置于讨论之中而构成意识形态,致使每种文明到达一定的繁荣程度以后必将停步不前。

这样,对于文明而言,其内生动力会千方百计地将自身遗产以物质或者非物质的形式固定下来;但对于知识而言,其内生动力会以理性推动知性的方式推翻自身所造成的任何遗迹,这就使人类文明自身存在与人类认识推进规律二者之间存在悖论而不断引发冲突,这种冲突致使"每一种文化,像每一个人一样,有其幼年、青年、成长、老年的时期"[1],它们在经历了蓬勃兴起、茁壮成长和繁荣发展以后必然会衰老死亡。对于中国传统文化而言,衰老死亡是一个必然过程,而且在魏晋玄学之后,其已经衰老死亡过一次了,在那次衰亡中,传统儒家文化在相当长的时间内失去了在传统文化结构中的优势地位。但后来,以儒家为主体的中国传统文化汲取佛教和道家的文化因素产生了宋明理学,宋明理学是"一次思想革新,它的出现被视为中国传统文化的一次伟大复兴"[2]。鸦片战争以后,中国传统文化毫无疑问再次呈现衰老死亡的疲态,也使中国传统文化再次面临复兴的问题。

二 近现代中国传统文化的复兴与马克思主义

今天,提到中国传统文化的伟大复兴,就必然难以回避马克思主义中国化的问题,因为马克思主义中国化是今天我们无从回避的时代语境。但是,毫无疑问,虽然马克思主义中国化是我们今天的主流意识形态,但中国传统文化却代表了几千年来华夏国家的制度正当性。

---

[1] Oswald Spengler, The decling of the west: New York: Alfred A. Knopf, 1926, p. 97.
[2] 朱光亚:《伊斯兰凯拉姆体系与"三教合流"》,《中北大学学报》(社会科学版) 2018年第6期。

构境：马克思主义中国化视域中的传统文化现代化

没有中国传统文化的伟大复兴，马克思主义中国化就如同无源之水；没有马克思主义中国化，中国传统文化就无法实现现代化，从而也难以获得其生存的合法性。实际上，二者相互关联、不可分割，共同构造了当下"中华民族伟大复兴"的共时性和历时性。从本质上而言，马克思主义中国化的实质是如何将外来文化改造为本土文化的问题，简称为"洋为中用"；中国传统文化伟大复兴的实质是如何将过去文化改造为当下文化的问题，简称为"古为今用"。"洋为中用"的问题在今天的经典表述是"将马克思主义与中国实际相结合"，"古为今用"的问题在今天的经典表述是"中国传统文化的现代化"，两者交织在一起，可以概述在"中华民族的伟大复兴"这个总命题之下。所以说，在文化的意义上，"中华民族的伟大复兴"这个命题蕴涵着古今中西。

任何一段历史都会存在"古今"之争的问题，但唯有当下语境中的中国才存在"中西"之争的问题，而提到"中西"问题，我们就必然要追溯到1840年鸦片战争之后那段救亡图存的惨痛历史。当鸦片战争的硝烟散去，中华帝国古老的大门被坚船利炮所开启，中国从此进入半封建半殖民地社会。中国半封建半殖民地的社会性质是由中国社会的阶级构成所决定的。鸦片战争以后，中国社会存在四个阶级：农民阶级、地主阶级、资产阶级和无产阶级。面对深重的国家灾难和民族危机，这四个阶级分别以不同的方式展开了中华民族救亡图存的悲壮历史。农民阶级的太平天国、地主阶级的洋务运动、资产阶级维新派的戊戌变法、资产阶级革命派的辛亥革命，他们代表了当时的中国人分别从不同的层次挽救国家危亡的努力，然而，由于阶级的局限性，他们先后失败了。当中国人从技术上、制度上挽救国家危亡的努力失败以后，挽救国家危亡就上升到了文化的层次。从文化上反思中国传统文化之不足，分析中国传统文化熏陶下国民性之劣根性成为一时风潮，这就是新文化运动。新文化运动"破坏孔教，破坏礼法，破坏国粹，破坏贞节，破坏旧伦理，破坏旧艺术，破坏旧宗教，破坏旧文学、破坏旧政治……拥护那德莫克拉西（Democracy）和赛因斯（Science）"①，以陈独秀、李大钊、鲁迅等为代表的新文化运动的倡导者和参与者基本上都主张全盘否定传统文化，引进西方文化，所以自新文化运动以后，中国传统文化便一直处于被批判遏制的状态。

新文化运动为马克思主义传入中国奠定了基础，而马克思主义在中国的传播是一个标准的"中西"问题。毫无疑问，马克思主义传入中国是带着对中国传统文化的挑战而来的，作为西方文化的马克思主义，因其"西方文化特有的'科学'与'民主'的基因"②一来到中国就与传统文化处于对立状态。中华人民共和国成立以后，以马克思主义文化为指导的社会意识形态居于主流地位，也并未改变对中国传统文化的态度，尤其是"文化大革命"期间，传统文化遭到了有甚于新文化运动的毁灭性打击，以马克思主义为基础的社会意识形态排斥传统文化独立发展，以至于使传统文化在不同时空中进行转换失去了可能，当然也谈不上优秀传统文化的继承与发扬，更谈不上传统文化的复兴。

三 传统文化复兴中的"中国化"问题

改革开放以后，随着经济的繁荣及中国国力的增强，思想界才渐渐提出中国传统文化伟大复兴的命题。然而，何谓中国传统文化的伟大复兴？中国传统文化如何复兴？从当下中国的客观实际来看，在中国传统文化的伟大复兴中，马克思主义中国化是一个核心问题，这个问题构成了中国传统文化伟大复兴的实质。

在近代，"中国化"是一个专门的术语，在相当长的时间内，它专指马克思主义传入中国以后，在指导中国革命和建设的进程中与中

---

① 陈独秀：《新青年罪案之答辩书》，《新青年》（第6卷第1号），1919年1月15日。
② 陈双泉、吴琼：《后现代意义上的科学与民主》，《新疆社会科学》2017年第1期。

构境：马克思主义中国化视域中的传统文化现代化

国的具体国情相结合。1938年10月，毛泽东在中共六届六中全会上第一次提出了这个术语，他指出："马克思主义必须通过民族形式才能实现……离开中国特点来谈马克思主义，只是抽象的空洞的马克思主义。因此，马克思主义的中国化，使之在其每一表现中带着中国的特性，即是说，按照中国的特点去应用它，成为全党亟待了解并亟待解决的问题。"[1] 很明显，毛泽东提出"中国化"问题的真实含义是，将非中国的东西消化吸收为中国的东西，或者将不适用于中国的东西改造转化为适用于中国的东西。

然而，如果单纯从"中国化"的字面意义上来讲，中国传统文化不是第一次遇到"中国化"的问题，这个问题至少从佛教传入中国就已经开始了。"佛教初到中国的时候，当时的中国人听到佛教的哲学，首先把它翻成中国哲学原有的术语，然后才觉得可以理解。宣扬佛教哲学的人也必须把佛教哲学的思想，用中国原有的哲学术语说出来，然后中国人才能理解，这种方法当时称为'连类'或'格义'。"[2] "连类"或"格义"就是最早的"中国化"。

佛教之所以能够"中国化"，最根本的原因是以儒家为主体的中国传统文化具有开放性和包容性，"儒家自开创以来，就不是一门封闭的哲学，也不是一种封闭的思想，它本身是一个吸收转化的产物，一种扬弃的学说"[3]，它从来不自我局限于经典教义而故步自封。从根本而言，中国传统儒家具有自我革命性，"三代时的革命说本是统治正当性的受命论法理"[4]，到了秦汉以后，虽然"君主帝国政体取代了氏族贵族民族政体"，革命说却并没有消失，而是在汉代今文家和纬书家那里重新高张，使"儒家革命论的法理基础随之转移为三代

---

[1] 毛泽东：《论新阶段》，载中央档案馆编《中共中央文件选集》（1936—1938，第11册），第659页。
[2] 冯友兰：《中国哲学史新编（中）》，人民出版社1998年版，第604页。
[3] 朱光亚：《儒学的融合历史溯源》，《宁波职业技术学院学报》2013年第1期。
[4] 顾彬、刘小枫：《基督教、儒教与现代中国革命精神》，（香港）汉语基督教文化研究所1999年版，第40页。

之制的制度创新思想"①,这种革命性一直保留到佛教传入中国之时。佛教以精巧的思辨、严密的逻辑而著称,而中国传统文化的特点是富于思辨性而缺乏逻辑性,所以佛学恰好弥补了中国传统文化逻辑性之不足,因此,佛教能够与中国传统儒学结合在一起而产生一种新的文化形态——宋明理学。

应该说,中国传统文化后期的社会意识形态就是宋明理学,②宋明理学是佛教中国化以后儒、释、道相融合的结果,也是中国传统儒学革命性必然要到达的一个结论。自宋明理学以后,"中国化"就成为中国传统文化的标签之一。革命性是中国传统文化自我更新的品质,而"中国化"是中国传统文化同化融合的能力,它们共同结合在一起,使中国文化在遭遇异质文化入侵之时,能够汲取异质文化之精华从而实现中国传统文化的凤凰涅槃、浴火重生。在"晚清时期西方政制理念随军事—经济强力引入华土"③之后,当时"儒教中国面临由宗法帝制国家转型为现代民族国家的政制选择,儒教国家的政制正当性出现'三千年未有'之危机,继周损益的制度创新革命论再度彰显"④,使中国人最终完成了一次根本性的文化革新。

四　马克思主义中国化的内在文化机理

在历史上,"文化与文化相遇所引起的屠杀与掠夺、同化与挣扎是人类不可避免的命运"⑤。西方文明毫无疑问是带着火与剑来到中

---

① 同上。
② 陈欢欢、赵新居:《中国传统文化的基本形态及其现代转向》,《学术探索》2018年第6期。
③ 顾彬、刘小枫:《基督教、儒教与现代中国革命精神》,(香港)汉语基督教文化研究所1999年版,第41页。
④ 同上。
⑤ 李善兰:《存在与民主——对科学虚无主义的反驳》,《江西社会科学》2014年第1期。

构境：马克思主义中国化视域中的传统文化现代化

国的，近现代中西文明的相遇从根本上而言是一场文明的冲突。然而，作为西方文明的马克思主义不但没有成为屠杀和掠夺的工具，反而成为挽救中华民族国家危亡的思想武器，其原因何在呢？也就是说，在近现代中西方文明相遇之后，西方各种思想流派纷纭杂呈，一齐来到中国，中国人为什么单单选择了马克思主义呢？

其实，马克思主义传入中国虽然是一种实用主义的偶然性选择，但却包含了一种具有深刻根源的必然性义理。马克思主义是一种西方哲学，而西方哲学可以分为注重理性主义的宾词哲学和注重非理性主义的谓词哲学。宾词哲学与谓词哲学的区分源于"philosophy"（爱智慧），"philosophy"由两个词根"philo"和"sophy"组成，"philo"意谓"爱"，喻义学问的过程，"sophy"意谓"智慧"，喻义学问的结果，前者由动词来表示，代表着谓词哲学，后者由名词来表示，代表着宾词哲学。"在西方哲学史上，柏拉图的'理念论'最早开创'宾词哲学'的先河，这种'宾词哲学'实际上注重的是一种理性主义，它由柏拉图、亚里士多德到莱布尼茨，直至近代的康德、黑格尔到现代的胡塞尔一脉相承。与理性主义相应的非理性主义，它的根源可以追溯到古希腊神谱世系，在经过柏拉图理性主义的辩证后到达早期基督教重新取得一种非理性的形式，实现了二者之间的结合。在文艺复兴时期，马丁·路德宗教改革咒骂'理性'是一个'婊子'，但改革的结果恰恰又是理性神学，这又是理性的回归。这种非理性传统流传下来，就形成了一个'谓词哲学'的传统。近现代的尼采、叔本华、海德格尔应归于这样一个传统。如果单从语言学的角度来看，马克思主义哲学也应归于这样一个传统"[1]，而"中国人对于马克思主义哲学的认同，其实源于这种谓词哲学的传统"[2]。

---

[1] 朱光亚：《德性和知识的分野——由〈智者篇〉看中国哲学》，《佳木斯大学社会科学学报》2008年第5期。

[2] 同上。

◆◆◆   社会主义核心价值观   ◆◆◆

　　从语言论的角度而言，谓词哲学的根本特性是实践性。众所周知，马克思主义是一种实践哲学，而在某种意义上，中国传统儒家哲学也能称为实践哲学。孔子在谈到实践的时候说："先行其言而后从之"[①]，一开始就把实践摆在了优先地位。孟子则主张"行不必果，惟义所在"[②]。也就是说，只要确立了"义"的目标，就要义无反顾地去实践它而并不一定非要追求实践的结果。先秦以后，躬行践履、知行相须一直是中国儒家的基本特征。可以说，正是因为具有实践性，中国传统儒家才衍生了"继周损益"的革命性，而正是因为具有了革命性，马克思主义和中国传统文化的精神气质才具有了天然的亲和性。在当代，深受中国传统儒家尤其是阳明心学熏陶的毛泽东一接触马克思主义，就立刻提炼出了马克思主义所具有的实践性和革命性特征并结合实际提出了马克思主义中国化，可以说，虽然毛泽东的中国化理论不是从儒学革命论中直接衍生出来的，但毫无疑问是以传统儒家为思想基础发展而来的。由此我们可知，在近现代的中国历史上，"没有现代性事件，马克思主义不会出现；没有儒家文化传统，也不会有中国的马克思主义"[③]。既然马克思主义与中国传统文化具有如此契合的思想机理，我们也可以想象，如果将马克思主义理论融合于中国古代传统儒家思想的革命性结构之中，也许我们就能"创造性地发展了儒家革命思想，使西方（亦即现代）的马克思主义与儒教思想传统相结合，通过批判传统文化而创造性地转化出现代化的儒教文化"[④]。如果这样的话，是否我们就能够提出一种设想："中国马克思主义难道不可以是儒家思想现代化的一种类型？"[⑤]

[①] 程昌明译注：《论语》，书海出版社2001年版，第16页。
[②] 熊海英、佳仁译注：《孟子》，书海出版社2001年版，第156页。
[③] 朱光亚：《德性和知识的分野——由〈智者篇〉看中国哲学》，《佳木斯大学社会科学学报》2008年第5期。
[④] 顾彬、刘小枫：《基督教、儒教与现代中国革命精神》，（香港）汉语基督教文化研究所1999年版，第51页。
[⑤] 同上。

五　传统文化现代化过程中文本的断裂

　　这样，在"中华民族的伟大复兴"这个命题之下，马克思主义中国化和中国传统文化的现代化结合在一起，给我们呈现了一个全新的视域。"视域"是现象学上的一个名词，胡塞尔借用"视域"这个词意在说明单个对象与作为这些对象之总和的世界之间的过渡关系。从现象学的角度而言，胡塞尔的主体性理论将主体对客体的"观视"理解为主体在自身中构造出种种对象的能力，所以他的"视域"是指一个人对某个时空范围内事物理解的架构。按照现象学的后学伽达默尔的看法，每个人作为一个历史存在者都居于特定的传统与文化之中，因而就具有了特定的视域，不同的主体持不同"视域"理解特定传统或文化，就必然会出现"视域融合"，"视域融合"使解释者在进行解释之时，总是带着前见从当下出发与文本接触从而把握文本所揭示的意义，这就造成了一个解释者的视域、文本的视域和当下情景的视域相融合的场景。

　　新文化运动百年之后，时至今日，中国当时的固有传统与特定文化已经发生了时空转换，我们今天所拥有的是一个以"今"审"古"的全新视域。在伽达默尔以"偏见"的合理性消除了"古今"之争之后，我们今天的以"今"审"古"实际上已经成为一种创造和构建，通过这种创造和构建，传统文化对马克思主义中国化的资源性价值贡献就成为民族文化传统在时间和空间上生命力的延伸，而这是以"今"审"古"的必然结果。伽达默尔说，对历史的主观理解同时也是历史造就的客观效果，历史既是理解的产物，也是理解的前提，它表现为理解的处境与理解的"界域"之间相互作用的合力。

　　如此一来，按照伽达默尔所说，我们克服不了对马克思主义的文本解释和马克思主义文本原义之间的时间间距，对马克思主义的理解应该是一个"界域"开放的过程。但是，马克思主义是放之四海而皆准的原则，对马克思主义的理解不能是基于教条主义的虚妄而应该是基于文本原义的认知。然而，近年来，我们却越来越清晰地面临一个现实：马克思主义哲学上构境的乐章还未响起，古老的编钟却发出沉闷的声音，当马克思主义逐渐淡化对中国古老传统文化的挑战，二者由分离走向融合之际，科学虚无主义却"集体发声，吹响了复兴儒学、回归道统，儒化中国的集结号"[1]。于是，马克思主义中国化所面临的传统文化呈现出这样一幅图景："如今世界像一部宏大的交响乐，中国是要加入这个交响乐乐队，用自己的政治和文化给这部乐曲增加复调、丰富声部，使它显得更丰富和更华丽，还是用不和谐的节奏、韵律甚至音量，压倒它甚至取代它？"[2]显然，马克思主义中国化历史背景中的传统文化现代化走的是第一条进路，而科学虚无主义者走的是第二条进路，"这是两种根本不同的进路"[3]。科学虚无主义者声称："西方哲学的形而上学一元论已经走向末路，其所带来的消极后果已经日趋明显，如，技术的发展使环境日益恶化，自然开始疯狂报复人类；资本的追逐使人唯利是图，人们精神空虚、道德败坏；民主已经不再是社会进步的象征，它实际上已经成为资本主义对外侵略的工具；挽救这种局面已经成为人类的当务之急，然而民主与科学已经不再是救世的良方；中国人在思想文化上更不能对西方亦步亦趋，我们要回到中国传统文化尤其是前孔子时代，以此实现中华文明的伟大复兴，而代替民主的，将是'牧羊人'。"[4]

很明显，牧羊人的政治诉求完全抛开了马克思主义，他们对传统文化的态度，尤其是对传统儒学的解读已经从"努力发掘传统中国的儒家思想与现代西方价值之间的共同点"，转变到"竭力划清中国思

---

[1] 葛兆光：《异想天开——近年来大陆新儒学的政治诉求》，《思想（台湾）》，2017（33），转引自儒家网，https://www.rujiazg.com/article/11598。

[2] 同上。

[3] 同上。

[4] 朱光亚：《存在与民主——对科学虚无主义的反驳》，《江西社会科学》2014年第1期。

想和西方价值之间的界限",也就是说,从宣称"你有的我也有"转向了自夸"你没有的我也有",并最终到达"使天欲平治天下,当今之世,舍我其谁"的政治幻想,这种政治幻想显然是一个"伪构境"的他者理论图像,而对这种他者理论图像的曲解无疑正是科学虚无主义的谬误所在,以至于到今天,科玄论战中马克思主义对中国传统儒学的批判言犹在耳,我们却不得不面对一个当代虚无主义要忽略马克思的现实。

六 马克思主义对中国传统文化现代化的构境

伽达默尔认为,解释学的一个中心任务是如何克服时间间距所造成的主观偏见和误解,真正的理解不是克服历史的局限性,而是适应人存在的历史性,具体地说,就是要在文本的解读中正确评价理解与传统的关系。然而,"文本的魔咒一次又一次的奏响,人们在文本的迷障中要么成为其魔咒的牺牲品,要么在误以为穿越了文本的丛林抵达'真实'之后实际上堕入了拉康意义上的空无"[①]。换句话说,当我们面对马克思的文本之时,效果历史是否真的可以让我们抵达一个一尘不染的马克思?我们对马克思主义文本的认知是否仅仅是我们自身所建构的结果?非实体关系场景是否能够承载我们的思想构境?

在伽达默尔看来,理解是人存在的基本模式,它是从文本中接受有意义的东西,并把它们解释成自己理解世界的方式。任何解释都是基于现在和未来对过去的理解,都是一种偏见,所以任何对历史的解释都是现代史。因此,对马克思主义文本的理解是一种创造性的过程,不但是作者的创造,而且是读者的创造,是建造文本意义的无限延伸,被理解的文本是在历史中表现出来的东西,它比作者想要表现

---

① 蓝江:《大写的一、主体和构境论——一种历史唯物主义的重建》,《新诸子论坛》2013年第4期。

的东西要多得多。

然而,在拉康看来,作为文本的"无意识的话语具有一种语言结构",而在这种语言结构中,"无意识是他者的话语"①,我们永远也弄不清那个前文本的绝对真实的马克思,这是一个事实,因为在表层的表征和最终的真实那里永远存在着一个使其连接的介质,最终的真相将永远潜伏在介质之后。拉康在这里诉诸想象,在他看来,人与外界之间的关系起始于人如同婴儿般的疑问状态,并通过想象和对幻想事物的反省形成对世界的了解。在这个认识过程中,我们通过想象与外界建立了一种双元对立关系,在文本学的意义上,这种对立关系不再以还原解读对象的原初语境为指向,转而承认解读理解本身无法消除的生产性,这使任何理解只能处于历史的相对性之中,这就是构境;也正是构境,在哲学意义上使"马克思主义中国化"这个命题成为可能。

按照拉康所言,在构境中,想象通过镜像把有意识地、无意识地所知觉到的东西记录下来,形成世界的图像;"象征作为能指者决定了主体是非善恶的原则与人行为的准则"②。现实的东西是由想象的东西与象征的东西结合而成,在象征的东西限制之下所实现出来的想象中的要求就是现实的东西,这就使证据与证据之间、事实与事实之间的关系是一种建立于介质之上的主观性逻辑而非客观性逻辑,经过主观想象链接起来的客观性证据就构成了一种事态。但在事态平滑的表面之下,掩盖的却是拉康所谓的症候。症候以某种方式隐藏下来,使"看似平滑的事态之一,隐藏的却是存在其他填充用以缝合两个时间之间断裂的可能性,而这种可能性因为作为大写的一的平滑的事态

---

① 马元龙:《无意识就是大他者的话语——论拉康的无意识理论》,《中国人民大学学报》2014年第5期。
② 王晓娜:《索绪尔的符号学理论对人文社会科学的影响》,《江苏社会科学》2002年第4期。

被牺牲掉了"[1]。

"对阅读本身进行再阅读和再解读,在一种当下的思想构境中呈现再解读者本人的猜想、推论和主观认定"[2],这种复建式的解读是一种整体性的思想,它将已经不在场的作者和读者的思考活动重新模拟再现出来,是一个思想者从"他性镜像空间",经过"自主性思想构序"[3],再到"独创性的思考之境"[4] 的过程,然而,"伪构境"的他者理论图像使科学虚无主义者的思想架构经历了一次篡位,它使"能指的至上性和对于所指的统治性"寄托于所指之上,以致这次篡位使马克思主义中国化对传统文化现代化的构境走向死亡和迷思,使对中国传统儒学断裂的文本解读达到了能指的狂欢。我想,这正是马克思主义中国化对中国当代意识形态乃至民族走向的构境所不希望的。

作者:

朱光亚(哲学博士,福州大学阳光学院副教授、郑州工业应用技术学院中原少数民族研究中心特聘研究员、国际中西文化比较协会会员、中国民族史学会会员)

---

[1] 蓝江:《大写的一、主体和构境论——一种历史唯物主义的重建》,《新诸子论坛》2013年第4期。

[2] 张一兵:《回到列宁——关于"哲学笔记"的一种后文本学解读》,江苏人民出版社2008年版,第12页。

[3] 袁久红:《海德格尔思想道路的构境论阐释——张一兵〈回到海德格尔——本有与构境〉(第一卷)解读》,《哲学分析》2013年第3期。

[4] 韩欲立:《唯物主义的动摇:思想构境论的后马克思主义精神症候》,《晋阳学刊》2011年第6期。

新时代焦裕禄式好干部的公仆权力动机激励研究[*]

张会蔚　张馨月

新中国成立70年来，许许多多拥有公仆权力动机的焦裕禄式好干部和优秀共产党员，牢记人民重托，担当历史重任，为党和人民的事业无私奉献。习近平总书记把焦裕禄精神概括为了"亲民爱民、艰苦奋斗、科学求实、迎难而上、无私奉献"。公仆权力动机是焦裕禄精神的重要体现。习近平总书记强调党的干部要"永做人民的忠实公仆"。新时代党员干部要做好人民公仆，既离不开外在权力约束的他律，又离不开党员干部内在公仆权力动机的自觉与自律。

一　公仆权力动机的理论内涵

人们的各种活动都是受动机支配的，权力动机属于社会性动机，意指影响他人和周围环境的内在驱动力。从这个意义上来看，权力动机并非只针对领导干部，而是广泛存在于个人与他人、个人与社会一切体现

---

[*] 本文系2018年河北省社科基金项目"'不忘初心　牢记使命'主题教育中的公仆权力动机激励研究"（项目批准号：HB18DD005）、2018年河北科技大学马克思主义理论专项重点课题"马克思主义权力动机理论在新时代党员教育中的应用研究"（项目批准号：M201801）的阶段性成果。

新时代焦裕禄式好干部的公仆权力动机激励研究

社会职责的社会关系之中。将属于心理学范畴的权力动机理论放在唯物史观视域下进行研究，是新时代党建工作理论发展与创新的需要。

历史唯物主义关于社会存在与社会意识的辩证关系、人的本质、人与社会的统一、经济基础与上层建筑的辩证关系、人民群众是历史的创造者等原理，是公仆权力动机理论的哲学基础。在心理学中，权力动机属于社会性动机范畴。在历史唯物主义视域下，权力动机属于社会意识范畴，是社会存在的反映，并反作用于社会存在，也属于观念上层建筑，由经济基础决定，并服务于经济基础。依据权力动机的性质，可以将权力动机分为公仆权力动机和以个人为中心权力动机两种。公仆权力动机是党员干部执政为民的内在驱动力，公仆权力动机由马克思主义价值观决定，其权力目标指向的是全心全意为人民服务。公仆权力动机属于先进的社会意识，是中国特色社会主义意识形态的重要组成部分，反映的是无产阶级和最广大人民群众的根本利益。作为先进社会意识的公仆权力动机对社会发展起积极的推动作用，焦裕禄、孔繁森等许许多多共产党的好干部，确立的正是公仆权力动机。2014年3月17日，习近平总书记在调研指导兰考县党的群众路线教育实践活动时指出，要把学习弘扬焦裕禄精神作为一条红线贯穿活动始终，做到深学、细照、笃行。要特别学习弘扬焦裕禄同志"心中装着全体人民，唯独没有他自己"的公仆情怀。[①] 焦裕禄同志到兰考不是为了做官，而是去为人民谋利益，他确立的权力动机正是公仆权力动机。

2014年2月7日，习近平主席在接受俄罗斯电视台专访时提到："中国共产党坚持执政为民，人民对美好生活的向往就是我们的奋斗目标。我的执政理念，概括起来说就是：为人民服务，担当起该担当的责任。"[②] 2019年3月22日，国家主席习近平在罗马回答意大利众

[①] 《大力学习弘扬焦裕禄精神 继续推动教育实践活动取得实效》，《农民日报》2014年3月19日。

[②] 《习近平接受俄罗斯电视台专访》，《人民日报》2014年2月9日。

议长菲科的提问时说到了"我将无我，不负人民"，"我愿意做到一个'无我'的状态，为中国的发展奉献自己"。这体现出了大国领袖"为中国人民谋幸福、为中华民族谋复兴"的责任和担当，"无我"的大境界与"不负人民"的大作为反映出的是共产党人的公仆之心、公仆情怀，而与公仆之心、公仆情怀统一在一起的正是共产党人的公仆权力动机。

二 公仆权力动机的社会功能

在具有特定目标的活动中，动机能够激发活动，并使活动指向和维持一定的目标，直到活动的完成。在历史唯物主义视域下，公仆权力动机作为先进的社会意识，属于思想上层建筑范畴，激励新时代广大党员干部确立公仆权力动机，是社会主义文化建设的重要内容。作为一般意义上动机所具有的引导、激发、维持与调整三方面功能，放在历史唯物主义视域下，公仆权力动机作为先进的社会意识对社会发展所起的积极推动作用即社会功能，主要体现在以下三个方面。

（一）引导功能：公仆权力动机为广大党员干部执政为民指明政治方向

作为动机都会有目标，目标会引导行为主体的行为方向，并对主体的行为提供原动力。当行为主体把外在的社会需要转化为内在需要时，就具有了动力功能，并推动行为的实施。公仆权力动机作为党员干部执政为民的内在驱动力，也一定会有目标，这个目标就是全心全意为人民服务。公仆权力动机作为社会动机与先进的社会意识，会使广大党员干部的执政为民行为具有明确的政治方向，即公仆权力动机会引导广大党员干部将权力动机的目标指向全心全意为人民服务。

人民群众是社会历史的主体，是历史的创造者。新时代，人民群众是中国特色社会主义实践的主体，是中国特色社会主义伟大实践的历史创造者。以习近平同志为核心的党中央提出的坚持以人民为中心的思想，鲜明地体现了马克思主义政党的政治立场和执政理念，创造性地运用和发展了历史唯物主义关于人民群众创造历史的基本原理，深刻阐明了中国共产党作为执政党的历史使命。历史唯物主义关于人民群众是历史创造者的原理，要求广大党员干部坚持马克思主义的群众观点，贯彻落实党的群众路线，全心全意为人民服务。公仆权力动机的权力目标正是指向了全心全意为人民服务，为广大党员干部执政为民指明了政治方向。

（二）激发功能：公仆权力动机为广大党员干部执政为民提供精神动力

社会存在与社会意识的辩证关系原理对社会发展，包括社会文化建设具有重要的指导意义，继承和发扬焦裕禄精神是新时代文化建设的重要内容，"亲民爱民、艰苦奋斗、科学求实、迎难而上、无私奉献"的焦裕禄精神，是激励广大党员干部全心全意为人民服务的强大精神支撑。习近平总书记在调研指导兰考县党的群众路线教育实践活动时，提出了"焦裕禄同志是县委书记的榜样，也是全党的榜样"，阐述了焦裕禄精神过去、现在和将来都将是我们党宝贵财富的重要观点，并勉励党员干部要大力学习弘扬焦裕禄精神。新时代广大党员干部确立起公仆权力动机，是继承和发扬焦裕禄精神的内在要求和重要体现。

习近平总书记曾在多个场合分享了少年时深受焦裕禄精神影响的故事，习近平总书记提到："我们这一代人都深受焦裕禄精神的影响，是在焦裕禄事迹教育下成长的。我后来无论是上山下乡、上大学、参军入伍，还是做领导工作，焦裕禄同志的形象一直在我心中。"[①] 作为焦裕禄精神重要体现的公仆权力动机，是激发广大党员干部投身全

[①] 《五四青年节听习近平总书记亲述 10 则青春成长故事》，人民网，2018 年 5 月 4 日。

心全意为人民服务的重要内在精神力量。公仆权力动机可以激发广大党员干部在群众最困难的时候出现在群众面前,在群众最需要帮助的时候去关心和帮助群众,诚心诚意当人民公仆。

(三)维持与调整功能:公仆权力动机为广大党员干部执政为民提供思想保证

动机激发起个体某种活动后,这种活动是否能够坚持下去,同样需要受动机的调节与支配。公仆权力动机的维持与调整功能主要表现在广大党员干部全心全意为人民服务的坚持性上。公仆权力动机在为广大党员干部的执政为民指明政治方向和提供精神动力的同时,还发挥着对广大党员干部执政为民行为的维持与调整作用。公仆权力动机可以在党员干部执行权力责任过程中遇到困难和挑战时,不断维持和调整权力的运行,确保权力执行指向全心全意为人民服务的正确政治方向,为广大党员干部执政为民提供思想保证。

公仆权力动机的维持与调整功能需要广大党员干部意志行为的参与。意志行为有很大的动机成分,意志行为是有意识、有目的、自觉的行为,这种有意识、有目的和自觉,可以指导行为去合目的,并制止不合目的的行为的发生。习近平总书记在党的十九大报告中提到的"不忘初心　牢记使命",正是要求广大党员干部时刻提醒自己,不断克服前进道路上的各种困难,不断迎接前进道路上的各种挑战,将自己的权力目标指向"为中国人民谋幸福,为中华民族谋复兴",全心全意为人民服务的政治方向。

三　决定和影响公仆权力动机确立的重要因素

公仆权力动机虽然属于广大党员干部执政为民的内在驱动力,但它不是自发和随意产生的。从社会存在与社会意识的辩证关系原理来分析,公仆权力动机属于社会意识范畴,是由社会存在决定的;从经济基础与上层建筑的辩证关系来看，公仆权力动机属于观念上层建筑范畴，是由经济基础决定的。公仆权力动机作为社会意识又具有相对独立性，所以公仆权力动机作为精神因素，除了会由物质因素决定外，还会受到其他诸多社会意识形式的影响，并具有自身发展中的历史继承性。综合起来分析，决定和影响公仆权力动机确立的因素主要涉及经济因素、政治因素和文化因素三个方面，即社会主义经济基础、中国共产党性质、马克思主义价值观。因此，历史和人民选择了社会主义、选择了中国共产党、选择了马克思主义，也必然会选择具有公仆之心、公仆情怀、公仆权力动机的共产党人，这正是广大人民群众需要焦裕禄式好干部的经济、政治和文化根源。

（一）经济因素：公仆权力动机是由社会主义经济基础决定的

经济基础是上层建筑赖以产生、存在与发展的物质基础，任何上层建筑的产生、存在与发展，都能直接或间接地从社会的经济结构中得到说明。经济基础的性质决定上层建筑的性质，有什么样的经济基础就会有什么样的上层建筑。[①] 社会主义经济基础决定了公仆权力动机的产生。这就是公仆权力动机作为观念上层建筑的重要范畴，是由社会主义经济基础决定的，公仆权力动机作为观念上层建筑，对经济基础的保护从根本上正是为了全心全意为人民服务，为了保障最广大人民群众的物质利益。公仆权力动机由社会主义经济基础决定，并服务于社会主义经济基础。新时代，在广大党员干部"不忘初心 牢记使命"主题教育中，教育和引导广大党员干部确立起公仆权力动机，是社会主义文化建设的重要内容。

（二）政治因素：公仆权力动机是由中国共产党的性质决定的

坚持全心全意为人民服务宗旨是中国共产党的最高价值取向，与

[①] 《马克思主义基本原理概论》（2018年版），高等教育出版社2018年版，第124页。

此相适应，衡量中国共产党的路线、方针、政策的最高标准也就要看是否真正实现了人民的利益，是否得到了广大人民群众的真心拥护。中国共产党是马克思主义政党，全心全意为人民服务作为中国共产党的宗旨是由党的性质决定的。以习近平同志为核心的党中央提出的坚持以人民为中心思想，创造性地运用与发展了历史唯物主义关于人民群众是历史创作者的基本原理，向人民做出了"把人民对美好生活的向往作为奋斗目标"、全面建成小康社会"一个也不能少"的庄严承诺，"坚持以人民为中心"是习近平新时代中国特色社会主义思想的精神实质，坚持以人民为中心思想，鲜明体现了马克思主义政党的政治立场与执政理念。由中国共产党性质决定，中国共产党人的权力动机就会是将权力目标指向全心全意为人民服务的公仆权力动机。

（三）文化因素：公仆权力动机是由马克思主义价值观决定的

公仆权力动机作为社会意识具有相对独立性，还会受到其他诸多社会意识形式的影响，包括马克思主义哲学及社会主义的道德、法律思想、文学艺术等社会意识形式。同时，公仆权力动机作为社会意识，还具有自身发展中的历史继承性。主要包括对中华优秀传统文化的继承和弘扬、对中国革命红色文化的继承和弘扬。首先，几千年文明传承下来的中华优秀传统文化中"家"的观念、"和"的观念，作为文化的传承，是公仆权力动机的重要文化基因；其次，中国革命时期的红色文化，是公仆权力动机的重要文化元素；最后，社会主义先进文化核心的马克思主义价值观，是公仆权力动机的价值标准，是公仆权力动机确立的核心文化因素。

（四）主体因素：公仆权力动机体现着广大党员干部主观能动性的发挥

前边分析的经济、政治和文化三方面因素，是决定和影响广大党员干部公仆权力动机确立的客观环境因素，在这三个方面的客观环境因素综合决定和影响的同时，还必须有广大党员干部主观能动性的发挥。公仆权力动机不是自发产生的，公仆权力动机是在广大党员干部不断加强自身学习的过程中，不断提高党性修养的过程中，自觉去确立的。公仆权力动机的确立，是广大党员干部认识到历史和人民赋予的神圣使命，在新时代"不忘初心　牢记使命"中，自觉自律，牢记人民嘱托，担负时代重任，全心全意为人民服务，永做人民公仆。2013年6月28日，习近平总书记在全国组织工作会议上，发表了题为"着力培养选拔党和人民需要的好干部"的重要讲话，习近平总书记在讲话中指出："概括起来说，好干部要做到信念坚定、为民服务、勤政务实、敢于担当、清正廉洁。信念坚定，党的干部必须坚定共产主义远大理想，真诚信仰马克思主义，矢志不渝为中国特色社会主义而奋斗，坚持党的基本理论、基本路线、基本纲领、基本经验、基本要求不动摇。为民服务，党的干部必须做人民公仆，忠诚于人民，以人民忧乐为忧乐，以人民甘苦为甘苦，全心全意为人民服务。勤政务实，党的干部必须勤勉敬业、求真务实、真抓实干、精益求精，创造出经得起实践、人民、历史检验的实绩。敢于担当，党的干部必须坚持原则、认真负责，面对大是大非敢于亮剑，面对矛盾敢于迎难而上，面对危机敢于挺身而出，面对失误敢于承担责任，面对歪风邪气敢于坚决斗争。清正廉洁，党的干部必须敬畏权力、管好权力、慎用权力，守住自己的政治生命，保持拒腐蚀、永不沾的政治本色。"[①] 习近平总书记关于好干部的标准，要求广大党员干部从自身做起，端正权力动机，即确立起公仆权力动机，担负时代重任，永做人民公仆。

四　新时代广大党员干部的公仆权力动机激励

心理学家詹姆斯研究发现，在一般状态下，一个人只能发挥出其

[①] 《习近平谈治国理政》（第一卷），外文出版社2018年版，第412—413页。

能力的20%—30%，而人的动机受到充分激励后，其潜力居然可以发挥到80%—90%。中国共产党是世界上最大的政党，党员干部遍布各行各业、各个领域。如何对各行各业、各个领域的广大党员干部进行"永做人民公仆"的公仆权力动机激励，是新时代党建研究的重要课题。

党的十九大报告提出："弘扬马克思主义学风，推进'两学一做'学习教育常态化制度化，以县处级以上领导干部为重点，在全党开展'不忘初心　牢记使命'主题教育，用党的创新理论武装头脑，推动全党更加自觉地为实现新时代党的历史使命不懈奋斗。"[①] 这里的"自觉"反映的是广大党员干部拥有"为中国人民谋幸福，为中华民族谋复兴"的强大内在动力。进入新时代，广大党员干部必须要有新担当、新作为。激励广大党员干部确立公仆权力动机，正是新时代推进全党自觉担负起党的历史使命不懈奋斗的内在要求。

为深入贯彻习近平新时代中国特色社会主义思想和党的十九大精神，进一步激励广大干部新时代新担当新作为，2018年5月20日，中共中央办公厅专门印发并实施了《关于进一步激励广大干部新时代新担当新作为的意见》。新时代广大党员干部的公仆权力动机激励可以重点采取以下几种方式。

（一）目标激励

目标在心理学上被称为诱因。目标激励的过程表现为由作为诱因的目标诱发动机，然后再由动机到达成目标，这其中对人们工作积极性起着强烈激励作用的就是作为诱因的目标。因此，在新时代广大党员干部的公仆权力动机激励中，要用前进和奋斗的目标激励广大党员干部的工作热情，使广大党员干部对党和人民的事业充满信心，不断迎接挑战，有责任有担当。进入新时代，实现中华民族伟大复兴的中

---

① 《决胜全面建成小康社会　夺取新时代中国特色社会主义伟大胜利——在中国共产党第十九次全国代表大会上的报告》，人民出版社2017年版。

国梦,全面建成小康社会的目标,实现富强、民主、文化、和谐、美丽的社会主义现代化强国的目标等,都可以激发广大党员干部的工作积极性。习近平总书记多次提到的"人民群众对美好生活的向往就是我们的奋斗目标""幸福是奋斗出来的"等理念,正体现了朝着奋斗目标不断前进的内在动力,这反映到广大党员干部的执政为民中,就是"为中华民族谋复兴,为中国人民谋幸福"的权力目标。由这一目标激发出广大党员干部的公仆权力动机,公仆权力动机又作为党员干部执政为民的内在驱动力,激发广大党员干部自觉投身全心全意为人民服务中去。"不忘初心 牢记使命"主题教育,正是让广大党员干部明确前进方向,始终保持前进动力。对于基层党组织来说,要制定好本部门、本行业的目标,做好发展规划,用目标凝心聚力,用目标激发干劲,用目标激发广大党员干部的使命感与责任感,这些都有助于激发起广大党员干部的公仆权力动机。

(二) 文化激励

文化激励是一种长久的深层次的激励方式,党的十九大报告将"坚定文化自信,推动社会主义文化繁荣兴盛"作为重要内容提出,并强调了"文化是一个国家、一个民族的灵魂。文化兴国运兴,文化强民族强。没有高度的文化自信,没有文化的繁荣兴盛,就没有中华民族伟大复兴"[①]。繁荣发展社会主义文化正是新时代广大党员干部确立公仆权力动机的大背景。文化的核心是价值观,公仆权力动机背后的决定因素正是马克思主义的价值观,党员干部公仆权力动机的激励必须从马克思主义价值观的教育做起。马克思主义价值观作为先进的社会意识,繁荣发展社会主义文化,可以不断对广大党员干部进行马克思主义世界观、人生观和价值观教育,提高广大党员干部的马克思主义理论水平。新时代,广大党员干部不仅要作为马克思主义理论的学习者,也要

[①] 《决胜全面建成小康社会 夺取新时代中国特色社会主义伟大胜利——在中国共产党第十九次全国代表大会上的报告》,人民出版社2017年版。

作为马克思主义理论的宣传者和践行者。通过多层次、多渠道的马克思主义理论教育学习，让广大党员干部从认知和情感上将马克思主义的世界观、人生观和价值观内化于心、外化于行，牢固树立起共产主义远大理想和中国特色社会主义共同理想，培育和践行社会主义核心价值观。习近平总书记曾多次强调："理想信念是共产党人的精神之'钙'，必须加强思想政治建设，解决好世界观、人生观、价值观这个'总开关'问题。"马克思主义的世界观、人生观和价值观体现在党员干部行使执政为民的权力上，就有了马克思主义的权力观。[①] 只有解决好了"总开关"问题，才能使广大党员干部确立起马克思主义的权力观和全心全意为人民服务的公仆权力动机。

（三）榜样激励

榜样的力量是无穷的，榜样激励能够使人有方向、有目标，进而起到巨大的激励作用。在中国共产党的历史上，出现了许许多多共产党的好干部，他们的榜样力量成为激励共产党人不断前行的重要动力。新时代，基层组织可以通过多种方式、多个渠道，讲好榜样故事，传播榜样力量，用榜样的力量去激发广大党员干部全心全意为人民服务的公仆权力动机。广大党员干部既要以优秀党员干部作为自身的榜样，也要不断提高自我，树立起党员干部的良好形象，做好他人的榜样。只有广大党员干部都争做模范，做好表率和带头作用，榜样才能为广大党员干部自觉确立起全心全意为人民服务的公仆权力动机，真正起到激励向上的作用。榜样力量的背后，也是一种价值观的力量，正是由于他们具有马克思主义的价值观，榜样所具有的责任、担当和无私奉献，才能激励广大党员干部新时代新担当新作为，激励广大党员干部确立起全心全意为人民服务的公仆权力动机，做焦裕禄式好干部。

---

① 《习近平在中央党校建校 80 周年庆祝大会暨 2013 年春季学期开学典礼上的讲话》，《人民日报》2013 年 3 月 4 日。

◈◈ 新时代焦裕禄式好干部的公仆权力动机激励研究 ◈◈

需要说明的是，新时代广大党员干部的公仆权力动机激励需要与党员干部的权力约束统一起来，因为二者虽然方向不同，即一个属于自律，一个属于他律，但二者又相互补充，缺一不可，最终目的都是更好地执政为民。因此，在新时代广大党员干部的公仆权力动机激励过程中，要坚持激励与约束统一机制、内在激励与外在激励统一机制，这就要求既有公仆权力动机的自律自觉，又要有完善的权力监督运行机制做保障。

作者：
张会蔚（河北科技大学马克思主义学院教授、硕士生导师）
张馨月（河北科技大学马克思主义学院硕士生）

完善信念结构　永葆党员本色

邢顺福

随着党的十八大以来反腐肃贪斗争的进一步深入开展，一些党员干部，甚至一些身居要职的高级干部因涉嫌贪腐而落马，党风廉政建设取得了巨大进展和成效。在中纪委对这些贪腐干部的通报中，"政治信念动摇""理想信念丧失，毫无党性原则和组织观念""毫无政治信仰，世界观、人生观、价值观严重扭曲"等空前严厉的措辞频频出现。应当承认，作为中国共产党党员，这些涉嫌贪腐的党员或干部在其入党之初，不能说他们没有对共产主义事业的信念和追求，也不否认他们曾取得了一定的工作成绩，但由于自身理想信念发生了动摇、丧失，甚至扭曲，从而失去了正确的个人和政治行为准则，走向了革命的对立面。

一个民族、政党乃至个人，要想成就一番伟大的事业，都必须要有坚定的信念作为自己的精神支柱。科学的信念作为一种强大的精神力量，它可以使人们精神振奋，形成积极而乐观的人生态度。而非科学的信念、信念不坚定或丧失，则会使人精神空虚、萎靡不振甚至走向歧途。在今天，中国共产党肩负着领导中国人民实现"两个一百年"奋斗目标和实现中华民族伟大复兴的中国梦的历史重任，更需要每个共产党员具备坚定的共产主义政治信念，并为其行动提供强大的精神动力。只有有了坚定的政治信念，才有强大的动力去克服前进道

完善信念结构 永葆党员本色

路上的各种艰难险阻，才能抵御一切不良诱惑，才不会在前进道路上落伍、掉队和走向歧途。

信念是人们在一定认识基础上，对某种思想理论、学说及理想所抱的坚定不移的观念和真诚信服并坚决执行的精神状态或态度。信念不只是一种单纯的知识或想法，它是人的一种综合的精神状态。信念有着完整的结构，具体包括认知因素、情感因素和意志因素，是认识、情感和意志这三方面因素的融合和统一。它的形成过程正是知、情、意三者相互联系、共同发挥作用的一个综合过程。信念结构中的知、情、意并不是孤立的，而是相互联系、相互制约的。知是信念形成的基础，是情和意产生的依据，对情和意起着支配的作用。情和意是信念形成的重要因素，情起着内驱力和催化的作用，加速信念的形成；意则起着定向和固化的作用。信念一旦形成，就难以改变，即使在认知层面上对原有的信念产生怀疑或疑惑，情感上强烈的认同和意志上的坚决或固执也会抵制这种怀疑或疑惑。这是由于信念不仅是理智（知识或认知）上的坚信不移，还得到了情感上的强烈认同和意志上的坚持不懈的支持，因而信念获得了远比一般认识强得多的稳定性。信念之所以执着，也是源于信念结构的稳定性。作为中国共产党党员，必须坚定共产主义政治信念，建立健全和完善共产主义政治信念结构，才能永葆党员本色。

一 真学与学懂马克思主义是永葆党员本色的认知基础

信念结构中的知即是对事物及其发展规律的认识，它最初表现为由感知、观察、个人经验和思维所获得的认识，在此基础上，由于认识的不断深入而形成个人的某种观点即对客观现实的看法、判断和评价。人们对事物或理论的认识是信念形成的基础，也是信念结构中基本的和主要的组成部分。

社会主义核心价值观

由于人们认识能力的不同或受各种客观因素的影响，人们对某一事物的认识可能是正确的，也可能带有片面性，甚至可能是谬误。信念按其性质分有科学信念和非科学信念。科学信念是以对事物及其发展规律的正确认识为基础，在实践中不断受到检验、完善和发展；而非科学信念则是以对事物及其发展规律的错误认识或迷信为基础而形成的。信念在人生中的作用是巨大的，它一旦形成，又成为人们认识事物的基点和评判事物的标准，其内容和强度对人们人生道路的选择会产生巨大的影响。科学的信念会引导人们走向光明的人生道路，而非科学的信念则会影响人的健康发展甚至使人走上歧途。今天，在马克思主义理论的指导下，中国共产党领导全国各族人民正在把中国建设成为初步繁荣昌盛的社会主义国家。没有马克思主义理论这个思想武器，就不会有中国改革开放和现代化建设的成功。在2017年9月29日中共中央政治局第四十三次集体学习中习近平总书记强调："中国共产党是用马克思主义武装起来的政党，马克思主义是中国共产党人理想信念的灵魂。"① 中国共产党党章、党规的制定也是以马克思主义为理论基础。因此，要坚定社会主义的政治信念，就必须努力学习和真正掌握马克思主义的立场、观点和方法，领会马克思主义的精髓要义，形成正确的世界观和方法论，培养辩证唯物的科学思维方式，增强分析问题和解决问题的能力。在2018年5月4日纪念马克思诞辰200周年大会上，习近平总书记又强调指出：马克思主义理论思想博大精深、常学常新。② 新时代，中国共产党人仍然要学习马克思，学习和实践马克思主义，不断从中汲取科学智慧和力量。只有这样，才能在建设社会主义的过程中做到信念坚定，并把握正确的前进方向不动摇。在讲话中他还明确强调，马克思主义是人民的理论。一些党员由于对马克思主义理论的人民性和党章中规定的全心全意为人

---

① 《习近平在2017年9月29日中共中央政治局第四十三次集体学习时的讲话》，央视网，2017年9月29日。

② 《习近平在纪念马克思诞辰200周年大会上的讲话》，新华网，2018年5月4日。

完善信念结构　永葆党员本色

民服务的宗旨并不是真正的理解，没有认识到社会主义建设是人民的事业，对前进道路上的曲折性和复杂性估计不足，存在着一定的急功近利等思想，一旦出现困难和挫折，就对马克思主义理论、对党章党规产生了怀疑，就把自己脱离于人民群众之外，对社会主义的政治信念出现了动摇，放弃了原来的追求，甚至走上了违法犯罪的道路。因此，认真学习马克思主义经典理论、认真学习近平新时代中国特色社会主义思想、深刻领会十九大精神实质、认真学习党章党规、深刻理解和把握社会主义的本质和发展规律、深刻理解和领会党的性质和根本宗旨，是坚定共产主义政治信念的知识基础。在当前，广大党员干部要塌下心来，不仅要学真的马克思主义，还要真学，学了还要真懂，这样才能对马克思主义和党章党规有正确而深刻的理解，并把它作为自己的政治信念，自觉地贯彻于自己的行动之中，体现出自己的党员本色。

二　情为民所系是永葆党员本色的情感支点

"信"是信念突出的本质特征，它不仅是一个认识问题，而且包含着人的强烈的情感体验。情感因素在信念形成过程中也起着至关重要的作用。人们在认识事物时并非麻木不仁、无动于衷，而总是伴随着一定的主观态度，情感就是伴随着认识过程出现的对所认识的对象和自身的认识活动本身进行评价时产生的爱憎、好恶的态度及内心体验。人们对某一对象的相信，在信念形成中是占据核心地位的，是关键的因素，即使是对于外界歪曲的反映而得来的认识，只要人们相信，也会有信念的形成。若一个人深信自己观点的正确性，则无论自己亲自执行还是看到别人执行它，都会产生强烈的情绪体验，人们对这种认识的信任程度取决于人们对它的情感强度。这种稳定而强烈的情感是深化认识、促进认识转化为信念的强大的内在力量。情感因素在信念的形成过程中起着激活和驱动作用。饱满的热情往往能充分调动

社会主义核心价值观

主体的精神力量,当一个人对某一种理论或学说有强烈的热忱时,这种认识就容易转化为信念。信念往往是因为认为它正确而喜欢或热爱,又因为喜欢或热爱而更加信任它。人民性是马克思主义最鲜明的品格。马克思主义经典作家和中国共产党领导人都非常强调人民的立场,坚持人民至上的政治立场,认为共产党人一切奋斗的目的都是实现最广大人民的根本利益。马克思主义认为,人民群众是社会历史的主体,是历史的创造者,强调人民群众是历史发展的决定力量。习近平总书记说:"马克思主义第一次站在人民的立场探求人类自由解放的道路,以科学的理论为最终建立一个没有压迫、没有剥削、人人平等、人人自由的理想社会指明了方向。马克思主义之所以具有跨越国度、跨越时代的影响力,就是因为它植根人民之中,指明了依靠人民推动历史前进的人间正道。"[1] 毛泽东在1944年纪念张思德的追悼会上第一次以"为人民服务"为题发表了影响深远的演讲,更加明确全心全意为人民服务是中国共产党必须坚持的根本宗旨,强调"人民,只有人民,才是创造世界历史的动力"[2]。在改革开放后邓小平同志也把"是否有利于提高人民的生活水平"作为判断一切工作得失的"三个有利于"的根本标准之一。江泽民同志提出的"三个代表"重要思想中同样强调了中国共产党要始终"代表中国最广大人民的根本利益"。胡锦涛同志的科学发展观也突出"发展为了人民、发展依靠人民、发展成果由人民共享"的发展理念。习近平总书记始终把人民放在心中最高的位置。在第十八届一中全会上当选为中共中央总书记的习近平同志向全国人民郑重承诺:"人民对美好生活的向往,就是我们的奋斗目标。"[3] 在中共十八届五中全会上习近平总书记又明确提出了以人民为中心的发展思想,把人民立场当作根本的政治立场,把人民的利益摆上至高无上的地位,并将其作为全面建成小

---

[1] 《习近平在纪念马克思诞辰200周年大会上的讲话》,新华网,2018年5月4日。
[2] 《毛泽东选集》第3卷,人民出版社1991年版,第1031页。
[3] 习近平:《习近平谈治国理政》,外文出版社2014年版,第4页。

◈◈ 完善信念结构　永葆党员本色 ◈◈

康社会必须遵循的重要原则。习近平指出:"人民为中心的发展思想,不是一个抽象的、玄奥的概念,不能只停留在口头上、止步于思想环节,而要体现在经济社会发展各个环节。要坚持人民主体地位,顺应人民群众对美好生活的向往,不断实现好、维护好、发展好最广大人民群众根本利益,做到发展为了人民,发展依靠人民,发展成果由人民共享。"① 正是由于马克思主义具有鲜明的人民性的品格,对人民是否有着深厚的感情和情感就成为我们能否坚持马克思主义和共产主义信念的情感支点。只有坚持人民的立场,才能保持对马克思主义的热爱,才能更加坚信马克思主义。作为中国共产党的一名党员,不仅要坚信马克思主义的正确,而且必须站在人民的立场上,保持心系群众、无私奉献的高尚精神,自觉为人民服务、为群众造福,才能始终保持对共产主义事业的执着追求,在脚踏实地追求人类最高信念的实践中,不断提高自己人生的思想境界。对人民群众的深厚感情是共产党员坚定政治信念的支点。没有这个支点,信念会无所着落,即使浑身的能量也无从发力。河北农业大学教授、博士生导师李保国"30多年如一日",奋斗在太行山区,与农民同吃同住,同甘共苦,执着地坚守着共产主义信念,就因为他有着朴实的为民情怀,体现出他高尚的党性修养和光辉的党员本色。

情感因素不仅是信念形成的动力,而且也影响到人们看问题的角度和立场及其行为的价值评价。人们的行动往往首先取决于自己对事物的评价。而评价是对客体与主体之间价值关系的认识,因而主体的客观存在状态,包括主体的需要、特点以及其他规定性等,必然会对评价结果产生直接影响,使评价结果因主体意志而转移。而当一个党员与人民群众的利益和诉求不一致时,心里只会考虑个人的利益得失,甚至产生了贪欲,他对事物的评价必然会与人民的根本利益产生差别,就不会想群众之所想,急群众之所急,也不会把人民的利益放

---

① 习近平:《在省部级主要领导干部学习贯彻党的十八届五中全会精神专题研讨班上的讲话》(2016年1月18日),人民出版社2016年版,第24—25页。

在工作的第一位,从而对自己原来的信念产生困惑、怀疑和动摇,甚至会抛弃原有的信念。一些走上违法犯罪的党员干部就是因为失去了心系人民群众这个情感支点,政治信念的大厦发生了倾斜,甚至轰然倒塌,权不再为民所用,而是贪一己之利,逐渐走入堕落的深渊。保持与人民群众的血脉联系,坚持党的群众路线和保持党的优良的工作作风,是党员永葆本色的关键所在。习近平总书记在2013年1月22日第十八届中央纪律检查委员会第二次全体会议上的讲话中就曾指出:"工作作风上的问题绝对不是小事,如果不坚决纠正不良风气,任其发展下去,就会像一座无形的墙把我们党和人民群众隔开,我们党就会失去根基、失去血脉、失去力量。"[1] 他还说:"作风问题本质上是党性问题。对我们共产党人来讲,能不能解决好作风问题,是衡量对马克思主义信仰、对社会主义和共产主义信念、对党和人民忠诚的一把十分重要的尺子。"[2] 因此,只有在新时代的形势下,时刻牢记我们党全心全意为人民服务的根本宗旨,把个人利益与人民群众的根本利益高度统一起来,真心真意为人民谋利益,保持与人民群众情感上的息息相通,加强与人民群众的情感联系,发扬对人民高度负责的精神,脚踏实地、心甘情愿投身于现实的社会主义建设之中,才能保证共产党员的本色永不褪色。

三 坚持不懈是永葆党员本色的动力支撑

信念强调的不仅仅是知识的正确性和情感的倾向性,更表现为意志的坚定性。因此,信念已远远超出单纯的知识范围,成为一种综合的精神状态。信念的执行并不是仅仅有人的认识就能维系的。在信念的执行过程中,人们往往会遇到各种各样的困难、挫折和诱惑,必须

---

[1] 《习近平在十八届中央纪委二次全会上发表重要讲话》,2013年1月22日,新华网。
[2] 《习近平在第十八届中央纪律检查委员会第六次全体会议上的讲话》,《人民日报》2016年1月12日。

完善信念结构　永葆党员本色

有坚强的意志品质才能坚定信念。意志是人们为了实现某种动机，支配自己的行动，并克服困难的心理活动。一种认识转化为信念不仅需要付诸深厚而热烈的情感，而且有赖于坚强的意志。只有当人们具备了一种比较坚强的意志之后，他才能不为外部环境因素所影响，形成一种坚持不懈、坚定不移的心态。信念形成后，就会产生"非这样不可"的内在要求，相应地又表现为一种特定的行为方式，这种行为方式与信念有着不可分割的联系。"执着"是信念的显著特点。作为一名共产党员，培养坚强的意志品质，对其永葆党员本色至关重要。首先，要树立共产主义世界观。一个人有了共产主义世界观，才能有最大的革命决心和气魄，才能不为任何困难所吓倒，才能有最大的勇敢和毅力，才能有革命的英雄主义精神。认真学习马克思主义理论，学习党章党规和习近平总书记系列重要讲话，认真学习近平新时代中国特色社会主义思想、深刻领会十九大精神实质，这是树立共产主义世界观的重要途径。其次，要把人民群众的根本利益放在一切工作的首位。全心全意为人民服务是我们党的根本宗旨，是共产党员一切行动的出发点。每个共产党员都要把人民的利益看得高于一切，吃苦在前，享受在后，在个人利益和集体、国家利益发生矛盾的时候，自觉以个人利益服从集体和国家的利益。只有具有了这样的思想品格，才能抵御拜金主义、享乐主义等各种非无产阶级思想的影响，才能经得起困难和挫折的考验，在任何复杂的情况下不迷失方向。否则，缺乏对人民的真挚而深厚的情感，再强大的意志也可能会被艰巨的困难和巨大的利益诱惑消磨殆尽。再次，要勤奋工作，求真务实，埋头苦干，在各项工作中发挥共产党员的先锋模范作用，努力在平凡的工作岗位上做出不平凡的贡献，在实践中不断提高自己的意志品质。今天的中国正处于全面深化改革的关键时期，面临的形势十分复杂，需要应对的风险和挑战也很大、很多，每个党员能否坚持不懈地保持党性和党员本色，直接关系到能否巩固党的执政基础和执政地位，也直接关系到能否不断推进新时代中国特色社会主义事业和中华民族伟大复兴中国梦的顺利实现，越是困难时期、越是历史发展的关键节点，就越需要广大党员体现出党员本色。

四 投身于全心全意服务于人民的伟大实践是永葆党员本色的根本途径

坚定政治信念不仅仅是坚信一种观念，更重要的是把它付诸行动。信念通过一定的"行"表现出来，"行"的结果反过来又对信念结构中的知、情、意起巩固和强化的作用。一个党员只懂得马克思主义理论而缺乏对人民群众的深厚感情，是很难把为人民服务的宗旨贯彻到底的；一个党员如果只有为人民服务的决心和热情，而对马克思主义理论和党章党规不求甚解，其行动也必然是盲目的。一个党员虽然对马克思主义理论有所了解，也对人民群众有一定的情感，但如果缺乏坚强的意志品质，也会行之不远。只有把三者有机地结合起来，才能形成坚定的政治信念。而把这三个方面有机结合起来的纽带是人民性，人民性是共产党员信念的灵魂。每个党员都必须积极投身于带领人民群众创造美好生活的伟大实践中，起模范带头作用，在实践中凸显自己的党员本色。因此，广大共产党员要想使自己的政治信念更加坚定、党员本色更加彰显，首先，加强与人民群众的感情沟通，始终站稳政治立场，把全心全意服务于人民作为自己的情感支点，时刻牢记共产党员的根本宗旨，把自己置身于人民群众之中，始终把自己看作是群众中的普通一员，并把人民群众的利益放在一切工作的首位。只有真心实意地为人民服务，真心为群众利益着想，在全心全意为人民服务的实践过程中，通过克服困难并努力获得成功产生为人民服务的情感愉悦，才能强化对自己信守的信念的情感体验，从而使自己的政治信念愈加弥坚。其次，坚持不懈加强思想理论修养，始终做到坚定马克思主义的政治信念。要认真学习党章党规，学习近平总书记系列重要讲话，学习和领会习近平新时代中国特色社会主义思想和党的十九大精神，从理论上真正理解马克思主义的基本立场、基本观点和基本方法，坚持实现最广大人民根本利益的政治立场，把握和顺应人类社会的客观规律，走历史必由之路，用实际行动为实现共产主义崇高理想而奋斗。最后，在脚踏实地地为人民服务的实践中不断强化自己的政治信念。为人民服务并不都是轰轰烈烈的，更多的广大党员都是在平凡的工作岗位上默默无闻地工作，只有不断地强化自己的政治信念，才能做到站得高、看得远，淡泊名利，开阔心胸，抵御各种诱惑和腐蚀，并在每一个具体的为人民服务的实践活动中使自己的政治信念不断得到强化，在平凡中永葆共产党员的本色。

作者：

邢顺福（河北科技大学马克思主义学院教授，河北科技大学"马克思主义与中国经济发展道路协同创新中心"研究人员）

微文化语境下社会主义核心价值观社会功能强化的路径探析[*]

杨红英

一 "微文化"的内涵特征及其主要表现

"微文化是以数字信息、数字通信及相关技术为基础，以微博、微信等为发端和主要传播平台，并且不断发展和衍生，以个体化和微观化为显著特点的亚文化现象。"[①] 微信、微博、微视频等基于智能手机、平板电脑等移动通信终端应用为主的自媒体平台，将我们带入名副其实的"微时代"，所有这些新出现的事物改变着人们的生活方式和生活习惯。无论是在传播及阅读的文化形式上，还是在经济活动形态以及传播方式上，都呈现出去中心化、即时化、碎片化和"赛博"化等特征，对人们思维和行动产生着显著的影响和改变，也潜移默化地重新定义了人们的生活。"人们在汪洋如海的信息中日益变得被动和自私，真理被淹没在无聊繁琐的世事中，我们的文化成为充满

---

[*] 本文系广东省2017年度高等教育教学改革项目（507）"基于核心素养的高师美术教育人才培养模式研究"、2019年韶关市哲学社会科学规划项目（项目批准号：J2019001）"韶关建设北部生态发展区核心城市生态文化体系建构研究"、韶关学院2018年度重点科研项目（项目批准号：SZ2018SK01）的阶段性成果。

[①] 华学成：《微文化：高校校园文化思想引领的新维度》，《黑龙江高教研究》2015年第7期。

微文化语境下社会主义核心价值观社会功能强化的路径探析

感官刺激、欲望和无规则游戏的庸俗文化……我们将毁于我们热爱的东西!"① 自媒体时代的微技术使信息交流、发布变得更加畅通,信息渠道更加多元,在某种程度上打破了信息自上而下灌输的传播方式,但是,由于监管的难度进一步加大,社会上涌现出大量的垃圾信息、即时信息,泥沙俱下,谣言四起。人际交往上容易形成"圈子"文化和"江湖"文化,因而难以实现大规模的社会整合与共识。在沉迷消费的享乐主义影响下,有些人开始玩物丧志,沉迷于自己所谓的"私人空间",丧失了责任、理想、胸怀,更迷失了前进的方向。作为一种新起的文化现象,微文化逐渐消解着原有文化生态,重构着一种新的文化范式。"它以独特而鲜活的感知去记录生活,改变了以往文化宏大叙事的风格,它由关注宏观迈向关注具象,由行政调节走向自我力量积聚,由外加变为内生。"② 目前,微文化及其现象已经引起社会高度重视,只有对其内涵、特征进行深入研究,充分肯定积极意义,消除负面影响,才能使它成为社会主义核心价值观社会功能发挥的文化载体。

首先,从信息交流、共享的方式来看,呈现出社交化和"部落化"特征。自媒体时代的"微文化"改变了传统媒体信息单向传输的特点,打破了传播者和接受者的界限,重新建构了一个信息的分享、交流、互动和对话的虚拟空间。通过社交自媒体平台传播和流行的微文化逐步形成了各种超越地理空间的虚拟部落,这些虚拟部落围绕着共享的利益或目的组织起来,构成人际间的社会网络,具有很强的信息共享性和彼此认同性。虽然人们生活在不同的区域、空间位置,但由于他们玩同一款游戏,或从小看同一部动画片,在持续互动下而产生互惠与支持,通过虚拟世界把现实生活紧密地联系了起来,他们就成为同一部落的成员。自媒体时代带来的社会文化、价值观的多元与分化,使涉世未深的青少年容易迷惑,甚至在社会认同上迷失方向,给新时代主流文化价值观的宣扬带了一定挑战。

---

① [美]尼尔·波兹曼:《娱乐至死》,广西师范大学出版社2009年版。
② 胡纵宇:《微文化的价值基础与教育影响》,《社会科学家》2014年第11期。

其次，从信息的生产与消费层面来看，呈现出大众化和平民化特征。"微文化"某种程度上带有后现代主义的文化特征，降低了文化的专业门槛，使人人都可以成为文化产品的生产者、消费者和传播者。由于低门槛和便捷化，导致信息生产和传播的随意性及自主性并存。在微传播领域，几乎所有人都可以表达自己的观点，而且不断地扩展自己的话语表达空间，导致获得知识的体系性难以形成，真伪难辨，理性化程度大大降低，我们很难再用传统手段、传统文化来整合社会。大量的年轻人沉浸在微文化带来的便利生活中，系统读书和求知的习惯养成变得越来越困难。另一方面，"微文化"脱离了精英主义文化，作为一种草根文化存在，甚至表现出反智化倾向。这种反智化倾向不利于社群对立的协商和理性精神的建构，也消解了文化、知识传承的深度和厚度。

最后，从信息的传播内容、方式和效果来看，体现出碎片化和快餐化特征。微文化呈现的文化内涵在某种程度上影响了文化的传承与累积，同时，也逐步消解了文化的厚重与整体。如某些段子、"心灵鸡汤"、快闪、动漫、图片等，通过微信、微博等自媒体迅速传播，青年网民通过转发、回帖、点赞、评论等手段实现了虚拟网络与现实空间、线上与线下的有效互动，最大限度满足了他们的表达欲望和参与需求，自我存在感、自身价值感、内心成就感等得以充分体现。微文化能带给我们什么样的学习体验，将来年轻人怎样汲取知识、以什么方式去学习，如何解决知识的传承与创新之间的关系，是需要我们重新思考的问题。

二 社会主义核心价值观的社会功能与"微文化"的发展

党的十九大报告提出，"社会主义核心价值观是当代中国精神的集中体现，凝结着全体人民共同的价值追求"。[①] 社会主义核心

---

① 习近平：《决胜全面建成小康社会 夺取新时代中国特色社会主义伟大胜利——在中国共产党第十九次全国代表大会上的报告》，人民出版社2017年版，第42页。

微文化语境下社会主义核心价值观社会功能强化的路径探析

价值观是社会主义意识形态的本质体现,是社会主义先进文化的集中表达。随着自媒体时代的到来,它逐步发展成为网络文化健康发展的内在价值诉求。微文化与网络及新媒体有着必然联系,网络的自由空间以及自媒体平台传播的便捷性导致了微文化形态各异,鱼目混珠。一方面,微文化在宣扬主流文化精神、核心价值观、社会正能量方面有着不可替代的作用,因而成为社会主义核心价值观大众化的重要传播平台和文化载体。另一方面,一些突破底线、文化品质低下的庸俗文化内容(如黑段子、黄段子、假段子等)和话语体系正在逐步消解着社会主义价值观。多元文化背景下互联网技术的飞速发展带来时代的大变革,促进了微文化的迅速崛起。但是,要促进微文化健康、创新发展,必须在社会主义核心价值观的引领下,强化文化认同。因为社会主义核心价值观社会功能的发挥,具有重要的时代价值。

其一,社会整合、动员功能。社会的共识性与凝聚力、社会发展的协调性与一致性等需要社会整合和动员。这是一种持久的、经常的社会影响过程。社会的发展,需要一种精神支撑来凝聚人心、凝聚智慧、凝聚力量。作为当代中国的文化建设与兴国之魂,社会主义核心价值观是支撑国家繁荣昌盛、经济高速发展、社会文明进步和民族振兴的强大精神力量,也是鼓舞我国选择、建设中国特色社会主义道路的重要力量源泉。当然,核心价值观具有一定的导向性并带有明显的意识形态特征,这种价值观念在整个社会中占主导地位,与国家的基本政治制度和性质息息相关,是中国特色社会主义道路和社会秩序合法性的主要依据。它是一种伟大的精神力量,激励着中国人民在中国特色社会主义道路上奋勇前进。只有在思想意识方面充分整合、重塑当代中国人的精神大厦,引导人们团结一致、努力聚焦社会主义核心价值观所倡导的追求,坚定理想信念,摒弃拜金主义、享乐主义、极端个人主义等错误的价值追求,才能凝聚价值共识、万众一心、齐心协力共同建设中国特色社会主义。

其二，精神导向功能。在社会生活中提升全体社会成员的素质，必须以社会主义核心价值观作为价值引领，从形成正确的理想信念到规范人们的思想行为，进而实现人格塑造和精神导向功能。如果没有良好的价值规范，就无法建立和谐的人际关系，也不可能实现人民期望的文明富足的生活；没有良好的价值规范，就不能实现社会的和谐发展和中国特色社会主义的长期战略。在网络文化中，各种社会思潮与集体潜意识、价值理念等相互交织，积极、进步的同时裹挟着落后与腐朽，如果不加以甄别与选择，就会引起一定程度上的思想混乱，甚至在思想上产生社会认同危机。当下，民族意识的凝聚问题，道德缺失、理想信念动摇、价值取向迷茫等问题仍然存在。如何廓清人们思想上的模糊认识和种种迷雾，实现人与人关系的和谐、人与自然关系的和谐已经成为广大思想政治工作者的重要课题，只有充分发挥社会主义核心价值观的精神导向功能，才能发挥其在建设和谐社会中的价值引导作用。

作为一种大众文化、平民文化，"微文化"具有广泛的群众基础，它肩负着强化社会主义核心价值观社会功能的重要责任。传播学奠基人拉扎斯菲尔德在《大众传播的社会作用》一书中说："大众传播媒介是一种强大的工具：它既能为善服务，又可以为恶服务；而总的说来，如果不加适当控制，它为恶的可能性则更大。"以微媒介为主要传播手段的微文化，呈现出多样、分化、对立的价值观念和文化氛围，如果不能在社会主义核心价值观引领下科学利用、因势利导，将如脱缰野马，危害不可估量。面对良莠不齐的微文化，我们如何加强甄别、选择和汲取精华，引领人们的思想和行为，是目前工作的重中之重。只有牢牢把握正确的政治方向，彰显核心价值取向，微文化才能成为社会主义核心价值观大众化的重要传播平台和文化载体。一方面，要充分发挥"微文化"传播范畴、传播效率的优势，利用其支撑作用，向社会公众积极宣扬社会主义核心价值观，传播正能量和正确的价值理念。另一方面，"微文化"的健康发展，离不开社会主义核心价值观的价值引领。它需要我们在形式多样、丰富多彩的"微文化"内容中融入社会主义核心价值观,创新社会主义核心价值观践行方式,做到润物耕心,不知不觉,无处不在,无时不有,使之由"高大上"变得更接地气,更易被社会大众所接受,进而强化社会主义核心价值观的社会功能。

三 构建以核心价值观主导的微文化,强化社会主义核心价值观的社会功能

(一)适度引导微民的言论,匡正网络舆论导向

作为一种大众传播媒体,网络具有极强的舆论导向功能。相对于其他传统媒介,网络的自由空间使一些非理性言论的传播变得更加便捷,甚至成为滋生谣言的"温床"。信息爆炸的网络空间里充斥着各种各样、形形色色的信息,包括对公众人物、社会事件所表达的评价和意见。网络环境下海量信息的真伪筛选与核实难度大、成本高,再加上传播面广,速度快,"着燃点低"等特点,很容易形成一定的舆论话语权,也容易稀释政府及传统主流媒体的垄断权、话语权。非线性扁平化的网络传播容易集中各种短见和偏见,这种意见表达往往是自发的和非理性的,在某种程度上反映了一定的社会思潮和心理诉求,成为了一种实现社会监督的舆论力量。正如黑格尔所说:"在公共舆论中真理和无穷错误直接混杂在一起。"微文化空间被"言论的绝对自由"所侵蚀,微民的思想也被无辜腐蚀着。因此,要真正做到"以正确的舆论引导人",就必须适度引导微民的言论,形成强有力的正确舆论姿势,建设网络精神文明,"培育和宣传社会正能量,坚决驳斥和回击网上的有害信息,促进网民的思想发生正向的变化"[①]。要充分发挥网络"意见领袖"在处理公共舆论危机过程中的作用,正确疏导负面舆论,把握正确的舆论导向,积极引导,构建以核心价

---

① 杨红英:《推进网络建设 增强社会主义核心价值观凝聚力》,《学校党建与思想教育》2018年第4期。

值观为主导的微文化。

（二）推进"微创作""微传播"创新，弘扬主流文化价值观

微文化已经闯入到我们的社会生活，逐步影响着人们的思维方式、行为方式。要切实发挥社会主义核心价值观的社会功能，就要追随微文化快速发展的步伐，使传播内容能够出彩，传播方式更加新颖，通过弘扬社会主义先进文化，推进"微创作""微传播"的创新。

首先，充分利用各类微媒体优势和特点，努力创作更多出彩的文化作品，更好地融入社会主义核心价值观。微创作降低了创作者的门槛，涵盖文字、图像、声音、视频等众多形式，过去普通人望而却步的艺术创作形式，如今也可以去尝试，人们自我表达、自我表现的需求得到充分满足，人人都是文化作品的生产者和消费者，人人都是作家、艺术家……在有限的表达空间里，中国文化、中国精神、中国社会生活既独特又鲜活的体验都成为微文化、微创作的素材和传播内容，这种新的网络创作和文化传播方式捍卫了我们的精神家园，启迪我们的心灵，更好地宣扬了社会主义核心价值观。当前，我们既要充分发挥文化专家的专业创作优势，又要因势利导，加强文化引领，激发广大微民文化创作的主观能动性，才能创造出更多优质的精神食粮，让中国主流文化的价值观成为最强音。

其次，在内容的选择上，应重点涉及社会管理服务、时政议题、信息资讯、娱乐文化活动等社会热点话题，通过微载体渗透、宣扬社会主义核心价值观，做到"润物细无声"，让"高大上"的使命、愿景和价值观宣扬能够"接地气"并融入到人们的学习生活中，落在"细微实"处，潜移默化，启迪人们的心灵。为增强信息的表现力、感染力，在表现方式上，发挥不同种类传播语言的优势，整合各种文化艺术表现形式，如文字、图片、视频、音频、游戏等。为提升互动性、趣味性，在话语方式上，应避免官话套话，避免说教灌输，要采用平和"走心"、共鸣性强的微语言模式，以社会流行语引导社会舆论。在信息筛选与生成上，将彰显核心价值观的艺术语言、艺术形象、艺术内容与审美教育功能完美地结合起来，使之成为普通群众、青年学生乐于接受的艺术形式，从而达到价值观的内化。例如，通过微动漫、插画、电影、小说等青少年喜闻乐见的表现形式，耳濡目染、潜移默化地传播核心价值观理念；通过宣传先进典型、明星人物的模范事迹、挖掘提炼其精神价值内涵，将舆论资讯、时政信息剖析等汇入其中，引发思考，增加核心价值观认同感。

（三）加强新媒体监管体系和法制体系，提升核心价值观传播效果

政府应高度重视微空间的舆情监测和治理，建立网络公共危机应对机制，做好微文化的"把关人"。加强自媒体平台信息内容的监管，因势利导，确保宣扬正能量和核心价值观的内容能够出彩，是自媒体平台管理者、宣传思想战线、思想教育工作者的重中之重。同时，还需要健全法制，通过立法机构制定相应的法律法规来规范微空间的环境、保障持续良好的传播氛围，对新媒体虚拟空间所产生的不良信息构筑法律的防火墙，阻止不良信息源的产生。意识形态和价值观念是新时代背景下微文化及其传播领域的竞争核心，我们必须努力打造一支"影响广泛，公信力强"的专业微文化传播队伍，时刻掌控自媒体时代信息、舆论话语权，助推社会主流文化价值观升华，进而发挥社会主义核心价值观的社会功能。

作者：

杨红英（韶关学院马克思主义学院教授，主要从事先进文化建设与思想政治教育研究）

充分发挥红歌对大学生的育人作用[*]

杨德霞　王晨雨

2019年是新中国成立70周年，全国各地都在举办形式多样的红歌传唱活动，特别是在网上热传的红歌快闪活动、学校的红歌合唱比赛等，让大学生在潜移默化中接受了一次红色文化教育。那么，红歌有什么样的精神特质？红歌对大学生思想政治教育有何意义？新时代如何进一步发挥红歌对大学生的育人功能呢？本文对此展开了思考，以期进一步发挥红歌在大学生思想政治教育中的作用。

一　红歌及其精神特质

红歌是弘扬主旋律、传播正能量的歌曲，是中国红色文化的重要组成部分。自中国共产党成立以来，涌现出了无数优秀的红歌，感染和激励了一代又一代中国人。著名词作家阎肃曾经讲到："红歌是在漫长历史环境中诞生的，与我们民族一起成长的、融化在人们生命血脉里的歌曲，是反映主旋律的、追随着我们发展脚步的歌曲，真正的

---

[*] 本文系教育部2019年优秀中青年思想政治理论课教师择优资助计划项目"习近平总书记关于意识形态工作领导权的重要论述研究"（项目批准号：19JDSZK179）、四川大学生思想政治教育研究中心项目"'精日'现象的特征、成因及对策研究"（项目批准号：CSZ18008）的阶段性成果。

充分发挥红歌对大学生的育人作用

红歌是根植人心的,是真诚的。红歌是一种精神上的回归,是一种大爱。"① 透过红歌的歌词和旋律等,我们可以看出它如下几个方面的精神特质。

第一,深厚的爱国情怀。爱国主义是中华民族精神的核心。爱国主义精神深深植根于中华民族心中,是中华民族的精神基因,这在红歌中展现得淋漓尽致。例如《歌唱祖国》中唱到:"五星红旗迎风飘扬,胜利歌声多么响亮。歌唱我们亲爱的祖国,从今走向繁荣富强。"这首歌曲深情地歌唱我们伟大的祖国、勇敢勤劳的人民和幸福美好的新社会,整首歌曲曲调流畅、嘹亮,充满了无限的骄傲和热情。再如《我和我的祖国》这首歌曲,舒缓悠扬的曲调与朴实真挚的歌词巧妙地结合起来,深情地诉说了人们对祖国的依恋和真诚的歌颂。可以说,表达爱国情怀的歌曲很多,《我爱你,中国》《我的中国心》《我爱北京天安门》等数不胜数。

第二,坚定的理想信念。对理想信念的追求,是红歌的又一重要特质。例如《红梅赞》中的"千里冰霜脚下踩,三九严寒何所惧,一片丹心向阳开",从表面看是在赞美梅花不畏严寒,傲雪盛开的高洁品质,其实是以梅花来喻人,歌颂革命烈士为了心中的革命理想视死如归、不畏牺牲的大无畏精神。《我们是共产主义接班人》更是从小就教育少年儿童,要继承先辈的荣光,为共产主义事业而奋斗。

第三,顽强的斗争精神。中华民族是一个经受过深重苦难的民族,中华民族又是不畏艰险、顽强斗争的民族。在很多红歌中就体现了这种顽强的斗争精神。例如《保卫黄河》,铿锵有力,慷慨激昂,气势磅礴,展现了中华儿女抗战的决心。《在太行山上》的"母亲叫儿打东洋,妻子送郎上战场"具有很强的画面感,也很形象地展现出了我们的人民为了实现独立解放而与敌人展开不屈不挠斗争的精神。

第四,舍己忘我的奉献精神。红歌所赞扬的对象,上至党政干

---

① 《阎肃会诊网络歌曲,再次为中国红歌会叫好》,2007年10月23日,新浪网,http://ent.sina.com.cn/y/2007-10-23/09051759933.shtml。

部，下至普通百姓，无不充满了舍小家、为大家的奉献精神和牺牲精神。例如《焦裕禄》中所唱的"沙丘盐碱盐碱沙丘，死神望而怯畏的地方，你却说不怕你却说不怕，带着病痛历经风吹雨打，你心中没有白天黑夜"，用平凡朴实的语言刻画了焦裕禄迎难而上、无私奉献的人民公仆形象。《为了谁》中唱到："泥巴裹满裤腿，汗水湿透衣背，我不知道你是谁，我却知道你为了谁"，歌颂了抗洪抢险中军人为了保护百姓的安全而不怕苦、不怕累、不怕牺牲的崇高品质。再比如《我为祖国献石油》，展现了石油工人为了让国家早日甩掉"贫油"的帽子，打破西方敌对势力的经济封锁，以战天斗地、大无畏的英雄气概面对着恶劣的气候、艰苦的生活和工作环境、简陋的设备的情景。

第五，团结协作的奋斗精神。独行快，众行远。团结合作才能办成大事。要实现中华民族伟大复兴的梦想，更是需要全国各族人民团结起来，凝聚力量，共同奋斗。例如《团结就是力量》这首耳熟能详的歌曲，体现了中华民族团结一心、抗击日本侵略者的坚强意志。作为新时代的红色歌曲，《时代号子》唱到"力量攥在手，梦想在前头，筑路修桥盖高楼，咱们天下走"，歌词简洁明快，朗朗上口，曲调铿锵有力、豪情激昂，唱出新时代建设者们万众一心、逢山开路遇水架桥的建设热情和奋斗精神。

当然，红歌中所展现的精神特质还有很多，而且许多歌曲不是单单表现其中的某一种，而是多种。总的说来，红歌精神是对中华民族优秀传统文化的一种传承，而中国共产党的领导为它注入了鲜明的时代内涵，在当下，它们仍然是激励我们前进的重要力量。

首先，红歌中所蕴含的这些精神，在某种意义上是对我们中华民族优秀传统文化的传承。中华民族有着深厚持久的爱国主义传统，"人生自古谁无死，留取丹心照汗青""苟利国家生死以，岂因祸福避趋之"等，无不彰显着人们的爱国情怀。"天行健，君子以自强不息；地势坤，君子以厚德载物""三军可夺帅也，匹夫不可夺志也"

等，蕴含了中华民族顽强奋斗、自强不息的民族气质。甚至在一些神话故事中，我们都能探寻中华民族为梦想执着追求的精神，如"愚公移山""精卫填海""夸父逐日"等。可以说，这些精神早已沉淀在我们的血液中，形成了我们的文化基因。红歌所蕴含的许多精神，是与之一脉相承的。

其次，中国共产党的领导，为红歌注入了鲜明的时代内涵。中国共产党的初心是为中国人民谋幸福，为中华民族谋复兴。在这一初心使命的激励下，中国共产党领导军民进行了艰苦卓绝的奋斗，相继开展了可歌可泣的革命、如火如荼的社会主义建设和伟大的改革开放。尽管在不同的历史时期，红歌创作的题材有所不同，但是，它们都集中表现了中国共产党的价值理念和理想追求，展现了在她的领导下中华民族精神境界的升华。例如爱国主义不仅体现为对祖国河山和历史文化的热爱，更要升华为爱国主义与爱社会主义的有机统一；奋斗精神集中表现了中华民族为实现民族独立、推动国家发展的强烈诉求；奉献精神集中体现了党全心全意为人民服务的宗旨，也体现了作为主人翁的普通民众，在先进文化教育下对有限自我的超越，等等。

最后，红歌中所蕴含的这些精神，也是我们当下所需的重要力量。我们要为实现中华民族伟大复兴的中国梦而奋斗，要实现这一伟大的梦想，需要我们全体中国人同心同德、团结一致为之而努力。中华民族的伟大复兴绝不是轻轻松松、敲锣打鼓就能实现的。在这一过程中，我们还要面临各种艰难险阻、各种风险挑战，还要发扬斗争精神，进行具有许多新的历史特点的伟大斗争。而红歌以一种非常形象的方式，激发我们的斗志，升华我们的情感，它依然是我们时代所需要的。

二 红歌对大学生的育人作用

红歌精神饱满、形象生动、通俗易懂，易于调动情绪，激发人们的情感，是寓教于乐、传播主流意识形态的一种重要载体，对于大学生思想政治教育具有积极的意义。

（一）举旗领航，凝心聚力

习近平总书记在文艺工作座谈会上指出："文艺是时代前进的号角，最能代表一个时代的风貌，最能引领一个时代的风气。"① 红歌作为政治叙事的一种艺术形式，反映了人们的心声，抒发人们的感情，同时，又引领一个时代的风气。红歌旗帜鲜明地宣传理想信念，传播主流价值观，明确地告诉大家我们的民族和国家在倡导什么、反对什么。因此，它就像一面旗帜、一座灯塔，为人们指明方向，提供向导，使人们通过音律和歌词加深对主流意识形态的认识和了解，在它的激励下为理想信念而奋斗。

（二）传承记忆，深化认同

红歌为人们了解历史发展提供了一个重要视角，它是传承记忆、深化政治认同的一种重要载体，是思想政治理论课的一种有益补充。红歌创作的原型一般源于特定历史时期的典型事件或者典型人物，记载的是所处时代的价值理念和精神气质，因此，它以一种独特的方式记录了我们民族走过的历程。把这些红歌串联起来，就会看到一条比较清晰的历史发展脉络。例如，透过《三大纪律八项注意》，可以看到人民军队严明的纪律和优良的作风；透过《十送红军》这一歌曲，可以看到人民群众对红军依依不舍的感情；透过《松花江上》，可以看到日本侵略者导致同胞家破人亡、流离失所的痛苦和悲愤；透过《太阳最红毛主席最亲》，可以体会到人民群众对毛主席的无限爱戴和深深的敬意；透过《春天的故事》，可以看到改革开放给人们带来的全新变化；透过《走近新时代》，可以体会到中国人民意气风发创

---

① 中共中央文献研究室编：《十八大以来重要文献选编》，中央文献出版社2016年版，第121页。

造未来的激情,等等。因此,通过红歌我们可以形象地了解中国共产党自成立以来在不同时期所作出的各种努力,了解在她的带领下我们的军队和人民的奋斗历程等,深化对国家的认同、对党的认同、对军队的认同和对人民的认同等。

(三) 陶冶情操,砥砺品质

大学生处于"三观"逐渐成形的阶段,也是各种力量争夺的重要对象。当前,一些思想贫乏、空洞无物甚至低级趣味的歌曲充斥大学校园,久而久之,对大学生造成了不良的影响。一些人在靡靡之音中精神迷失、斗志丧失,甚至出现一些畸形的审美情趣和败坏的道德观念,严重影响了身心健康,对此我们要高度重视。充分利用红歌对大学生加以引导,在一定程度上有助于清除和对抗这种不良影响。红歌蕴含着坚定的理想信念、高尚的道德情操、乐观的人生态度,展现了对真、善、美的追求,有助于人们在音乐的熏陶中陶冶情操,砥砺品质,树立正确的世界观、人生观和价值观,因此需要加以运用。

三 发挥红歌对大学生育人作用的路径思考

第一,歌曲和故事相结合,多层次、多角度地挖掘红歌的育人元素。

红歌之育人,不仅在于歌曲本身,还在于歌曲之外的其他元素。很多红歌的创作背后都有感人的故事,例如创作者自身的经历、创作的原型、创作的机缘等,充分挖掘这些素材,可以增进大学生对红歌的亲近感和认同度。因此,在利用红歌育人的过程中,教育者要全面讲述所传唱红歌的创作背景、创作原型、传播状况以及社会效应等,使大学生弄清楚该红歌的来龙去脉,而不是只停留在对歌词本身的识记上。学校还可以组织学生到一些与红歌相关的景区、重要的历史遗迹等,更加深入地体会红歌精神。比如红歌中有很多反映铁道兵当年

社会主义核心价值观

在深山峡谷英勇奋斗、用青春和热血日夜奋战中展现出来的英雄主义、奋斗精神。学校可以组织大学生利用社会实践等走一趟成昆线，去感受像《铁道兵志在四方》等这类歌曲蕴含的精神。

第二，情感和理性相结合，提升红歌的育人成效。

情感是使教育内容转化为受教育者个人内在意识和外在行动的"先导"和"中介"。"一个人只有首先在感情上关心或者关注某一事物，才有可能运用自己的价值观去进行衡量和判断，进而才能把价值判断变为自己的行动。"[①] 红歌作为一种艺术形式，富含高远的意境、动人的旋律和正能量的歌词，给人以情感的触动和美的享受。我们要积极利用红歌"以情动人"的作用机理，为思想政治教育增添充满感情色彩的教育资源，但同时还要积极引导大学生将红歌所激发的情升华为对理的思考，以情动人，化情为理，提升思想政治教育的成效。正如毛泽东所言："感觉到了的东西，我们不能立刻理解它，只有理解了的东西才更深刻地感觉它。"[②] 情是暂时的、易变的，而理是持久的、稳定的，理的引入会引发人们对事物本质的思考，提升感知事物的能力和水平。因此，我们要引导大学生把红歌引发的情感触动上升为对理想信念的思考、对初心使命的追问等，我们要通过情和理结合，提升思想政治教育的思想性、理论性、亲和力和针对性。

第三，显性教育与隐性教育相结合，营造红歌的育人环境。

学校的宣传部、学工部、马克思主义学院（思政部）、艺术学院、学生社团等各种力量要联合起来形成合力，利用重大时间节点（例如国庆、抗战胜利日等）和日常教育管理，全员全程全方位营造红歌的育人氛围和环境。例如，可通过校园广播、官微推送、在党课团课和班会等组织红歌比赛、开设红歌鉴赏课程和专题讲座、推进寝室文化建设等，使大学生在潜移默化中受到红歌的熏陶。

---

① 彭波：《关注青少年生活世界，引导自主构建价值观》，《教育科学研究》2002年第9期。

② 《毛泽东选集》第一卷，人民出版社1991年版，第286页。

第四，传统与现代相结合，创新红歌的育人形式。

在日常生活中，大学生似乎更偏爱流行歌曲。对于这种现象，我们需要全面分析。一方面，我们不能简单否定流行歌曲的意义和价值，毕竟人的精神世界是丰富的，情感需求也是多样的。许多流行歌曲关照了人们的日常生活，回应了年轻人的精神需求，展现了人们丰富的内心世界，值得肯定。另一方面，红歌也要顺应时代潮流，创新育人形式。我们要关注年轻人的喜好和特点，积极引入摇滚、街舞、动漫、抖音、快闪等大学生喜闻乐见的元素，创造一些风格多样、易于传唱、具时尚感和亲和力的红歌。

第五，教师主导性与学生主体性相结合，强化红歌育人中的双向互动。

要充分发挥大学生的主体性，鼓励他们在红歌作品创作中进行自我教育。例如，鼓励大学生将自己的爱国热情诉诸笔端，创作讴歌伟大祖国的歌曲；创作讴歌英雄人物的歌曲；翻唱经典红歌；创新红歌表现形式，例如给红歌配上卡通、视频。在学生创作红歌的过程中，教师应该发挥主导性，在作品内容、作品质量等方面设立标准、把好尺度，加强引导，防止创作跑偏。

作者：

杨德霞（西南交通大学马克思主义学院副教授，主要研究马克思主义与当代意识形态）

王晨雨（西南交通大学马克思主义学院研究生）